Portrait de Pauline Vanier

Deborah Cowley & George Cowley

Portrait de Pauline Vanier

La vie d'une femme

Préface de Jean Vanier

NOVALIS

Portrait de Pauline Vanier est publié par Novalis.

Traduction: Béatrice Okecki.

Photographie couverture: L'Arche Internationale.

Maquette de couverture: De Pasquier inc.

Éditique: Gilles Lépine.

Dépôts légaux: 4e trimestre 1994
Bibliothèque nationale du Canada
Bibliothèque nationale du Québec

Novalis, C.P. 990, Outremont (Québec) H2V 4S7

ISBN: 2-89088-700-6

Imprimé au Canada

Données de catalogage avant impression

Cowley, Deborah, 1937-

Portrait de Pauline Vanier : la vie d'une femme

Traduction de: One Woman's journey.

ISBN 2-89088-700-6

1. Vanier, Pauline, 1898-1991. 2. Vanier, Georges P. (Georges Philias), 1888-1967. 3. Arche (Association). 4. Gouverneurs-généraux – Conjoints – Canada – Biographies. I. Cowley, George, 1930- . II. Titre.

FC621.V36C6914 1994 971.064'2'092 C94-941442-5
F1034.3.V36C6914 1994

NOVALIS

Préface

Comme ce livre le révèle, ma mère, Pauline Vanier, a eu une vie longue, riche, variée et bien remplie. Vers la fin de sa vie, à un âge où la plupart des gens aspirent à une retraite paisible, ma mère a fait un choix important. Elle a décidé de venir vivre dans ma communauté de l'Arche à Trosly, en France. Elle répondait par là à ce qu'elle sentait être profondément un appel de Jésus à approfondir sa vie spirituelle et à vivre plus simplement en accord avec l'Évangile.

La mort de mon père, quelques années auparavant, fut pour elle une perte cruelle. Mes parents étaient très unis et ont vécu 46 années d'une vie conjugale belle et profonde. Elle éprouva une très grande impression de solitude à sa mort. Ma communauté fut heureuse de l'accueillir et elle-même le fut véritablement avec nous. C'est comme si la communauté lui avait donné une terre où s'épanouir, un lieu où, vingt années durant, elle put trouver une unité entre ses nombreux dons et ses aspirations spirituelles. À l'Arche, elle découvrit un nouveau sens à sa vie.

Étant donné que j'avais quitté la maison à 13 ans, c'est à Trosly que je vécus avec elle le plus longtemps; j'appris ainsi à la connaître en profondeur. Ce fut une joie pour moi d'être témoin de son extraordinaire qualité d'accueil. Elle prodiguait beaucoup d'amour autour d'elle, aux assistants et à tous ceux qui venaient lui rendre visite. Pour les personnes ayant un handicap, elle était la mère ou la grand-mère qu'ils avaient perdue ou qu'ils n'avaient pas connue. Elle reçut beaucoup d'amour en retour.

Il y avait en elle une telle soif d'aimer et d'être aimée. Avec l'âge, cette soif se fit encore plus intense. On avait l'impression que plus elle avançait en âge, avec son lot d'épreuves, plus son besoin d'amour grandissait.

Comme chacun, ma mère souffrait de la vie communautaire. Il n'y a pas de communauté parfaite et la communauté de Trosly ne fait pas exception à la règle! Ma mère non plus n'était pas parfaite. Il lui arrivait d'être en colère contre la communauté et contre moi. Ces différends étaient également dus à ses forces qui diminuaient, vieillissement qu'elle avait du mal à accepter.

Au cours de ses dernières années cependant, elle connut des moments de grand réconfort spirituel. «Je ne comprends pas, disait-elle, pourquoi il est si facile de prier. Le Bon Dieu est là, je sens sa présence; il est tellement bon.» À d'autres moments, elle gémissait et se plaignait: «Pourquoi le Bon Dieu ne vient-il pas me reprendre? Est-ce qu'il m'a oubliée?» Elle a traversé des moments d'angoisse et de désert spirituel très éprouvants. Ces mouvements de colère l'accablaient et l'emplissaient de culpabilité et de solitude. Elle paraissait vivre les contradictions que vivent les enfants, mais en même temps, lorsque quelqu'un venait la voir, elle savait se montrer accueillante, intéressée, pleine d'attention et de prévenance.

La tentation et le danger seraient de mettre ma mère sur un piédestal. De bien des façons, elle fut mise sur un piédestal par le peuple canadien et cela lui rendit la vie difficile. Il lui fallut être à la hauteur de bien des attentes. Ce livre nous montre toute la profondeur et la beauté de son humanité. Comme chacun de nous, elle avait des hauts et des bas. Elle avait sa personnalité, ses dons et ses blessures psychologiques. Elle dut faire de grands efforts pour être fidèle à Dieu et à sa mission, mais elle était, sans aucun doute, profondément aimée de Dieu et fut un instrument de son Amour dans notre monde brisé.

Il y a bien des années, Debbie et George Cowley demandèrent à ma mère d'enregistrer certains de ses souvenirs. C'est ce qu'elle fit avec eux en 1971; elle avait alors 73 ans. Sa mémoire est bien entendu sélective, se souvenant de certaines réalités et en oubliant d'autres. Ce livre a été réalisé à partir de ces enregistrements, rédigés et préparés pour la publication par Debbie et George. C'est un travail dans lequel ils mirent beaucoup d'amour. Tous deux étaient à Rideau Hall avec mes parents et ils étaient unis par une profonde amitié. Ma mère leur accorda donc toute sa confiance et leur livra très simplement ses plus intimes souvenirs.

Ce livre n'est pas une biographie; je pense néanmoins qu'il pourra aider certains à s'identifier à ma mère, en leur donnant l'occasion de mieux connaître sa vie si féconde et si pleine d'espoir et d'amour.

Jean Vanier
L'Arche
Trosly-Breuil, France

Introduction

En 1971, alors que Pauline Vanier envisageait de quitter le Canada pour s'installer en France, nous réussîmes à la convaincre de libérer les trésors de sa remarquable mémoire afin de nous permettre d'enregistrer les souvenirs d'une vie déjà longue et bien remplie. Une excellente biographie de son mari, le gouverneur général Georges Vanier, avait déjà été écrite par Robert Speaight, mais pour des raisons que l'on peut comprendre, ce dernier accordait peu de place à l'expérience personnelle de Pauline Vanier. Ne voulant surtout pas porter ombrage à son mari, Pauline Vanier avait toujours refusé toute entrevue avec la presse au sujet de sa propre histoire. Il nous apparut qu'il serait tout à fait désolant qu'une vie d'une telle qualité tombât dans l'oubli et ne fût pas restituée par l'intéressée avec toute la richesse de son expérience et de ses impressions.

Nous avons fait ensemble dix-huit heures d'enregistrement. Sa délicatesse et la sagesse de son jugement lui dictèrent une exigence: que ces lignes ne soient pas rendues publiques avant que les principaux acteurs de ce livre n'aient quitté ce monde.

En fait, Pauline Vanier leur survécut à tous. En 1990, nous lui rappelâmes la condition qu'elle avait posée et fort heureusement, elle nous autorisa à retranscrire ces enregistrements en vue d'une publication. Au printemps suivant, nous avions projeté d'aller la voir en France afin qu'elle puisse nous aider à actualiser notre travail et à le prolonger jusqu'à la dernière période de sa vie. Sa mort soudaine au printemps 1991 fut donc pour nous une tragédie à double titre.

Jean Vanier nous encouragea vivement à continuer malgré tout la rédaction de ce livre. Afin de couvrir la dernière période de sa vie, il nous organisa des rencontres avec quelques-uns des membres de sa communauté qui avaient connu sa mère et avaient été touchés par sa présence. À ces derniers, ainsi qu'aux autres enfants Vanier, nous sommes profondément reconnaissants. Grâce à eux et à nos échanges avec Pauline Vanier, échanges qui durèrent trente ans, nous avons recueilli un trésor de merveilleux souvenirs couvrant les 93 années de sa vie.

Ce fut un privilège de rédiger ces pages. Ce fut un privilège encore plus grand de connaître et d'aimer Pauline Vanier et de pouvoir célébrer cette vie remarquable grâce à ce petit livre.

Deborah Cowley
George Cowley
Ottawa, Canada

I

Pauline Vanier: une mère pour nous tous

C'est par une froide journée de mars 1991 qu'un petit village du nord de la France fit ses derniers adieux à une amie bien-aimée. Quelques jours auparavant, le 23 mars, Pauline Vanier était morte en paix dans son sommeil, juste avant de célébrer son 93e anniversaire.

Lorsque la nouvelle de sa mort atteignit son Canada natal, le deuil et la tristesse frappèrent des centaines de personnes qui l'avaient connue personnellement ainsi que des milliers d'admirateurs.

Sa vie fut extraordinairement riche et bien remplie et elle la vécut avec une intensité et une énergie qui emplirent d'admiration ceux qui la connaissaient. Elle fut une des grandes figures de notre temps et pour certains, sa disparition marque la fin d'une époque où la grandeur d'âme se manifestait par le don de soi et la compassion.

C'est en 1972 que la veuve de Georges Vanier, l'un des gouverneurs généraux les plus admirés du Canada, décida de renoncer à une vie toute de confort et de bien-être, pour se rendre en France. Malgré ses 73 ans, elle n'hésita pas à s'engager dans une voie radicalement différente de tout ce qu'elle avait pu connaître antérieurement, en allant vivre dans une communauté appelée l'Arche, située dans un petit village au nord-est de Paris.

Fondée par son fils, Jean Vanier, cette communauté est devenue le cœur de tout un réseau de communautés du même genre, havres de sécurité et d'amour pour des hommes et des femmes ayant un handicap mental. En venant à l'Arche, Pauline Vanier avait l'espoir de retrouver non seulement un foyer mais aussi une vocation pour les dernières années de sa vie.

La réussite de ce projet ne fut jamais aussi évidente qu'en cette froide après-midi de mars alors que les 400 personnes membres de la communauté se réunirent dans une grande salle sur la place du village pour célébrer les obsèques de cette dernière, qu'ils avaient affectueusement surnommée Mamie (c'est ainsi qu'en France les enfants appellent leur grand-mère). La plupart était venues à pied, pendant que les personnes plus profondément handicapées étaient accompagnées en chaise roulante par de jeunes assistants. Deux guitaristes et une flûtiste entonnèrent le très émouvant canon de Pachelbel, puis une douzaine de prêtres en vêtements liturgiques blancs (dont plusieurs amis proches de Pauline) se rassemblèrent derrière l'autel couvert de roses blanches et roses.

À la demande des prêtres, Jean Vanier fut le premier à s'adresser à l'assemblée: «Sa présence parmi nous a été un don extraordinaire; aujourd'hui, nous sommes rassemblés pour célébrer les merveilles de sa vie, non seulement à l'Arche mais tout au long de ses 93 années.» Puis les prêtres, les assistants et les personnes handicapées elles-mêmes vinrent témoigner de la beauté de cette vie. À la fin de la célébration, son corps fut déposé dans un fourgon mortuaire et son départ fut accompagné de «Bye, bye, Mamie. Au revoir.»

La semaine suivante, un avion des Forces armées canadiennes rapatria son corps au Canada, sa patrie bien-aimée. Plus de 300 amis et personnalités gouvernementales (parmi lesquelles le gouverneur général Ray Hnatyshyn et l'ancien gouverneur général Roland Michener) se rassemblèrent dans la cathédrale Notre-Dame de Québec pour rendre à Pauline Vanier un dernier hommage.

«C'était une grande dame, mais plus profondément, elle était comme chacun de nous, à l'image d'un petit enfant assoiffé d'aimer et d'être aimée», rappela son fils Jean pendant la célébration. Il ajouta: «Elle peut à présent se réjouir car elle a découvert qu'elle est aimée et qu'en retour, elle peut donner cet amour pour l'éternité.» Des membres du Royal 22e Régiment, que son mari avait contribué à constituer en 1914 et qu'il avait plus tard commandé comme colonel, escortèrent son cercueil jusqu'à la Citadelle où son corps fut déposé dans une petite chapelle à côté de celui de son mari.

Tous ceux qui ont eu la chance de rencontrer Pauline Vanier peuvent difficilement oublier cette rencontre. Sa silhouette élancée, son merveilleux sourire, son beau visage aristocratique et sa chevelure blanche étaient devenus, pour des millions de Canadiens, des traits bien familiers. Elle était reconnue comme l'épouse très dévouée de Georges Vanier, militaire émérite, fin diplomate et gouverneur général des plus appréciés et des plus aimés de l'histoire du Canada.

Pauline Vanier était, elle aussi, une personne tout à fait exceptionnelle. Elle avait une très grande jeunesse d'esprit et les milliers de personnes de toutes conditions sociales qui ont croisé sa route gardent d'elle un souvenir émouvant.

Le public lui témoignait une grande affection. En 1965, un sondage de la Presse canadienne la désigna «Femme de l'année»; elle reçut aussi le prestigieux Prix du Cardinal Newman, décerné annuellement à des laïques catholiques pour services exceptionnels rendus à l'humanité.

On lui remit également la plus haute distinction au pays: celle de Compagnon de l'Ordre du Canada. Sept universités lui décernèrent des grades honorifiques et un nombre incalculable d'universités, d'écoles, de parcs et de centres communautaires portent son nom. Lorsqu'une île d'un archipel de l'Arctique reçut le nom de île Vanier, en mémoire du défunt gouverneur général, la Commission géographique décida que l'île la plus proche serait appelée île Pauline.

Le Canada n'est pas le seul pays à lui avoir rendu hommage. Elle reçut la Légion d'honneur française en reconnaissance de ses services pendant la Seconde Guerre mondiale. On lui décerna également la croix de l'ordre de Malte, et elle fut nommée Dame de l'ordre de Saint-Jean. Mais l'honneur qu'elle reçut avec le plus de joie fut une rose couleur abricot offerte par le gouvernement français. Cette rose était la première d'une nouvelle espèce portant son nom, en reconnaissance du travail accompli en France pendant les années d'après-guerre. Elle planta ce rosier dans la roseraie de la résidence du Gouverneur, résidence des gouverneurs généraux à Ottawa, et on peut encore aujourd'hui en admirer la beauté.

C'est certainement le premier ministre canadien, Lester B. Pearson, qui exprima le mieux l'admiration que tout le peuple canadien porte à Pauline Vanier. En 1967, il nomma cette dernière membre du Conseil privé de la Reine, honneur très rarement décerné à une personnalité non politique. Pauline fut la première femme non politicienne à recevoir un tel hommage. Pearson déclara: «Pauline Vanier était la précieuse moitié d'une collaboration exceptionnelle au service du Canada.»

Cette merveilleuse collaboration dura 46 ans, produisit cinq enfants et conduisit les Vanier, au fil des années de guerre et de paix, dans des grandes capitales du monde — Londres, Genève, Alger, et enfin Paris où Georges occupa le poste d'ambassadeur. Là, Pauline endossa un uniforme de la Croix-Rouge et travailla sans relâche pour aider les victimes de la guerre en Europe. Au cours de ces neuf années de vie très intense, les Vanier devinrent les diplomates les plus appréciés de la capitale française.

Quand ils revinrent à Ottawa pour représenter la reine dans leur pays, le couple vice-royal se consacra corps et âme à connaître et servir le peuple canadien. Près de huit années durant, ils accueillirent à Rideau Hall des milliers de compatriotes, venant de tous les coins du Canada. Ils parcoururent le pays, en train, en avion, en hélicoptère, en bateau et même en péniche sur la rivière Mackenzie, visitèrent chaque province régulièrement, allant même jusqu'au Grand Nord.

Pauline avait un faible pour les enfants, ne ratant jamais une occasion de les serrer dans ses bras et de les embrasser tendrement. Lors d'une visite dans un hôpital de Winnipeg, elle remarqua un enfant visiblement gêné et honteux de sa jambe trop courte. «Que j'aimerais qu'on me raccourcisse les miennes, dit-elle. Comme ça, je ne serais pas aussi grande!» Un jour, alors qu'elle était à Paris, Pauline fut en retard à une grande réception. La cause de son retard était toute simple: elle sortait d'un magasin et trouva un groupe de jeunes attroupés autour de la limousine de l'ambassade. «Sans réfléchir une seconde, j'embarquai toute la troupe pour une petite promenade. Nous avions tellement de plaisir que j'en oubliai complètement l'heure!»

C'est pendant les derniers temps du mandat de gouverneur général de son mari, les médecins ayant conseillé à Georges Vanier de ralentir son rythme de vie effrénée, que Pauline révéla pleinement ses qualités. Elle se mit à travailler d'arrache-pied pour remplir les obligations du bureau du gouverneur général. Son inquiétude à l'idée de parler en public ne l'empêcha pas de remplacer Georges en de multiples occasions. Malgré sa peur de l'avion, elle accepta de se rendre à Yellowknife, dans les Territoires du Nord-Ouest, à bord d'un petit appareil, pour présider à l'inauguration d'une prison. Comme il lui arrivait souvent de le faire, elle monta sur l'estrade, repoussa ses notes, et prit la parole spontanément: «J'avais préparé un texte, mais finalement je préfère ne pas vous le lire; je crois que je devrais vous parler sans texte, un peu moins avec ma tête, et plus avec mon cœur.» C'est exactement ce qu'elle fit, ce qui lui valut une véritable ovation tant des personnalités présentes que des prisonniers.

Les Vanier avaient également le souci de la famille et de sa reconnaissance. Convaincus que bien des maux de notre société ont pour cause le déclin de la famille, ils convoquèrent en juin 1964 un Congrès canadien sur la famille, le premier du genre. La cérémonie d'ouverture eut lieu dans les jardins de la résidence du Gouverneur, et demeure un événement unique dans l'histoire canadienne: à l'initiative des Vanier, le congrès s'ouvrit par une bénédiction prononcée à l'unisson par les responsables de 17 communautés religieuses. Ce congrès déboucha sur la création de l'Institut Vanier de la Famille, une agence de recherche dont le but est de renforcer l'unité et l'intégrité de la famille. Cet institut poursuit ses activités encore aujourd'hui.

À la mort de Georges Vanier en 1967, Pauline continua à porter un grand nombre de responsabilités. Première femme Chancelier de l'Université d'Ottawa, elle continua d'être la force d'inspiration de l'Institut Vanier de la Famille et de soutenir activement plusieurs organismes sociaux.

Elle se consacra également avec passion à la cause d'un Canada uni. Tout comme son mari, elle était parfaitement bilingue et lors de la vague d'agitation des années 60, ils s'efforcèrent de montrer combien les deux cultures fondatrices du Canada pouvaient s'enrichir mutuellement.

Une fois en France, Pauline resta en contact étroit avec le Canada. Elle téléphonait régulièrement à ses amis canadiens, leur demandant des nouvelles sur le pays et dès qu'un Canadien venait lui rendre visite à l'Arche, elle l'assaillait de questions tant sur la politique que sur les arts, la religion ou les questions sociales. Elle se rendit plusieurs fois au Canada; elle avait 91 ans lors de son dernier voyage, à l'occasion duquel elle séjourna à Toronto et à Québec.

C'est certainement à l'Arche que son sens des autres put atteindre toute sa plénitude. «Elle apportait à la communauté toute la richesse de son expérience, toute la sagesse de sa longue vie et toute la tendresse de son cœur de mère, qualités ô combien précieuses pour des assistants fatigués physiquement et psychologiquement par les exigences de la vie avec des personnes handicapées», remarque le journaliste canadien John Fraser qui allait souvent la voir. «Jour après jour, elle ouvrait sa porte et ses bras à tous ceux et celles qui avait besoin d'aide ou de réconfort.»

Cet intérêt pour les autres, quel que soit leur âge, dépassait largement les frontières de l'Arche. Le prêtre jésuite, Charles Pottie, de Halifax, écrivit à Pauline, sans très bien la connaître, pour l'inviter à son ordination. Le petit mot disait simplement: «Je sens que d'une certaine façon, vous êtes une mère pour nous tous.»

Voilà quelques exemples qui permettent de comprendre l'admiration et l'affection que des millions de Canadiens portent à Pauline Vanier. Cependant, beaucoup ignorent que son chemin sur la terre fut jalonné de doutes autant que de certitudes, de souffrances autant que de joies, de tragédies autant que de triomphes. C'est ce chemin que Pauline a dû parcourir pour atteindre cette grandeur.

2

Enfance et jeunesse à Montréal à l'époque edwardienne

(1898-1919)

La vie et les origines de Pauline Vanier, comme celles de Georges, prennent racine dans les deux nations fondatrices du Canada: la France et l'Angleterre.

Pauline est née le 28 mars 1898 à Montréal; fille unique de Charles Archer, juge à la Cour supérieure du Québec, et de sa femme française, Thérèse. Le juge Archer était le petit-fils d'un gentleman-farmer anglais, de Brixham dans le Devon, et sa femme, une descendante de la famille seigneuriale de Salaberry qui émigra au Canada en 1730.

La mère de Pauline était de très petite taille, surtout si l'on considère le mètre quatre-vingts de sa fille. Pauline évoque le souvenir de sa mère avec beaucoup d'affection. «C'était une dame merveilleuse, qui avait un bon sens de l'humour, mais elle était également un peu snob. Elle aimait le sang bleu et y attachait beaucoup d'importance!»

Des deux côtés, cependant, les origines ne sont pas uniquement anglaises et françaises. «Du côté de mon père, surtout, nous dit-elle, le sang est beaucoup plus mêlé. Mon grand-père Archer était moitié écossais, moitié anglais, et sa femme était mi-allemande, mi-française. Imaginez un mélange de vins allemand et français! Du côté de ma

Charles Archer, Thérèse de Salaberry Archer
et leur fille Pauline, vers 1900.
(Notman et Fils, Montréal, Archives nationales du Canada, PA 127232)

mère, les de Salaberry étaient à la fois français et basques. Somme toute, cela faisait un beau mélange!»

Son père mesurait 1 mètre 90. C'était un juriste éminent, mais il s'épuisa au travail. Son associé, mécontent de l'importance qu'il prenait dans le cabinet, le fit nommer juge. Charles Archer n'avait que 42 ans, ce qui est beaucoup trop jeune. Il prit son travail très au sérieux. Il était extrêmement consciencieux, jamais il n'allait au club, et il gardait toujours un peu ses distances.

«Les gens me disent qu'il était un juriste très compétent et que beaucoup de ses jugements sont encore cités en justice. Mais la vie n'était pas facile pour lui: les Canadiens-anglais le considéraient français car il avait été élevé en français au Québec, alors que les Canadiens-français ne le considéraient pas comme un des leurs, affirmant que le nom Archer sonnait anglais. En fait, il ne fut jamais pleinement accepté ni d'un côté ni de l'autre.

«Il serait difficile de trouver deux caractères plus différents que ceux de mes deux parents. Mon père était un homme d'extérieur qui aimait le golf, alors que ma mère était une femme frêle et fragile qui dut passer beaucoup de temps dans les hôpitaux et les maisons de repos. Elle était également plus intellectuelle et profondément religieuse; elle avait une foi extraordinaire. Malgré sa santé fragile, elle vécut jusqu'à 93 ans! Ils furent néanmoins très heureux ensemble, aussi heureux que deux personnes aussi différentes peuvent l'être.»

À la fin de sa vie, on proposa au juge Archer le poste de Lieutenant-gouverneur du Québec. «Le poste le tentait, mais hélas, il sentit qu'il ne pouvait pas accepter. La santé de ma mère ne lui permettait pas d'accepter une telle responsabilité. Il s'avéra que la sienne non plus: le pauvre homme mourut en 1934 à 63 ans.

«J'ai grandi dans une vaste maison de Montréal, rue Sherbrooke. Mes plus lointains souvenirs remontent à la décoration de ma chambre: toute rose et blanche avec des roses sur les rideaux, un bureau laqué blanc, et une magnifique maison de poupée pleine de meubles miniatures. Étant fille unique avec des parents qui m'adoraient, j'étais gâtée-pourrie. À Noël, nous décorions un grand sapin et donnions un goûter pour les enfants défavorisés. Puis nous allions à Québec retrouver nos cousins qui se réunissaient chez notre grand-père.»

La vie des jeunes gens à Montréal au début du siècle, surtout ceux de la bourgeoisie, était gouvernée par une stricte morale victorienne. Les enfants étaient élevés avec beaucoup d'affection, mais sévèrement. La plupart, et ce fut le cas de Pauline, étaient élevés à la maison par des gouvernantes ou dans des écoles religieuses et non mixtes. Les rencontres entre jeunes gens de sexe différent n'étaient autorisées que vers la fin de l'adolescence et ces dernières demeuraient très formelles et strictement surveillées. L'expérience de Pauline ne fit pas exception.

«Jusqu'à 17 ans, je n'eus jamais la permission de quitter seule la maison; j'avais une femme de chambre qui me suivait partout. Elle m'accompagnait même à mes leçons de chant! Heureusement, ces dernières ne durèrent pas longtemps: j'avais une bonne voix, mais aucune oreille!

«C'était une vie solitaire pour une enfant unique et j'aspirais à quitter la maison et à rendre visite à d'autres amis. Ma meilleure amie habitait une grande maison avec une glissoire et une patinoire. J'adorais passer mes journées avec elle, mais je ne voulais jamais inviter mes amies à la maison. J'avais l'impression que nous ne pourrions pas les distraire comme elles réussissaient à le faire.

«J'étais profondément religieuse, déjà toute jeune fille. «À l'époque, j'envisageais sérieusement de devenir sœur; j'étais attirée par la vie religieuse. À 12 ans, j'ai entendu un de nos grands missionnaires parler de sa vie dans le Grand Nord; je décidai sur-le-champ d'entrer dans son ordre et de vivre dans l'Arctique.

«J'ai passé 4 ans au Couvent du Sacré-Cœur de Montréal, de huit à douze ans. Le reste de ma scolarité se déroula à la maison, aux bons soins de gouvernantes qui ne m'apprirent pas grand-chose et ne réussirent pas à éveiller ma curiosité. Ma mère elle-même essayait de me protéger contre ce qu'elle considérait inconvenant dans la littérature. Il y avait beaucoup de livres à la maison que je n'avais pas le droit de lire: ma mère épinglait les pages interdites et me faisait promettre de ne pas les lire. Je mis quand même la main sur un exemplaire d'André Gide. À cette époque, c'était très osé; je n'en compris pas un seul mot!

«À l'âge de 15 ans cependant, mon horizon intellectuel s'élargit. Je rencontrai une jeune femme française, professeure à l'Université Mc Gill, qui tout de suite développa un vif intérêt à l'égard de la jeune adolescente que j'étais. Germaine Grétrin était une très belle femme.

Elle avait une chevelure digne du Titien, des yeux bruns, la peau blanche; elle était aussi très brillante. Elle me prit sous sa protection et eut sur moi une très grande influence.

«Germaine Grétrin enseignait la littérature anglaise et française, et ces deux sujets furent une révélation pour moi. Ensemble, nous allions de bibliothèque en bibliothèque, à la recherche de livres au sujet desquels nous discutions pendant des heures. À la maison nous parlions le français, et ma gouvernante n'abordait que très rarement les questions littéraires. Par conséquent, je ne connaissais rien de la littérature française et encore moins la littérature anglaise. C'est Mlle Grétrin qui m'initia véritablement à la littérature. Elle me dévoila des horizons insoupçonnés et me permit l'accès à un monde totalement nouveau.»

À peu près à la même époque, la mère de Pauline mit sa fille en contact avec le monde extérieur à son environnement familial privilégié et lui fit découvrir comment vivaient les pauvres. «Elle m'emmena à Griffintown, rendre visite à une femme, Mrs Daly, qui paraissait avoir 50 ans bien qu'elle n'eut qu'une vingtaine d'années. C'était une Canadienne-française qui, à 13 ans, avait épousé un Irlandais qui buvait comme un trou et n'était resté avec elle que le temps de lui donner une fille, Mary-Ann. Mrs Daly souffrait de rhumatisme chronique. Ma mère m'emmenait la voir toutes les semaines pour lui faire ses courses et jouer avec la petite Mary-Ann. Ce fut pour moi une révélation de voir comment vivaient ces gens.

«Quel contraste lorsque je reçus, quelque temps après, une invitation à un grand bal qui devait avoir lieu à la résidence du Gouverneur à Ottawa. Imaginez l'excitation d'une jeune fille de 17 ans! Le plus vif souvenir que j'ai de cet événement, c'est lorsque Sir Richard Neville, Comte de Warwick, m'annonça en sortant de table: "Mademoiselle Archer, savez-vous que vous devez danser avec Son Excellence?" J'étais pétrifiée! Je dus pourtant m'exécuter et je valsai avec le Duc de Devonshire qui était alors gouverneur général. Il avait bu un peu trop de porto et de ce fait, ne dansait pas très bien; à la fin de la danse, il me dit: "Mademoiselle Archer, venez vous asseoir sur le trône." Il s'assit d'un côté et moi de l'autre; lorsque je me tournai vers lui, je découvris qu'il s'était endormi! Je restai coincée là pendant presque une demi-heure, jusqu'à ce qu'un aide de camp vienne finalement me libérer.»

De retour à Montréal, Pauline rêvait d'un peu d'indépendance, et à l'insu de ses parents, elle s'inscrivit à un cours de secourisme et de soins infirmiers. Elle avait 19 ans.

«Je n'ai jamais dit à mes parents que je m'étais inscrite; j'ai même commandé mon uniforme en secret. La veille du jour où je devais me présenter aux cours, j'annonçai à ma mère ce que j'avais fait. Sa réaction fut très négative: elle me dit qu'elle était désolée que je lui aie caché mes projets, mais je crois qu'en réalité elle me trouvait trop jeune pour travailler à l'extérieur de la maison. Mon père, par contre, était secrètement très fier. Lorsque la Première Guerre mondiale éclata, il n'avait pas de fils qui eût pu s'engager et lui-même était trop vieux pour le faire. C'est pour cette raison, je crois, qu'il était très heureux. Il me trouva une chambre chez une tante qui habitait près de l'école. Le lendemain, je pris mon uniforme dans le placard et me présentai au cours.

«Ma formation ne m'apporta guère plus que quelques notions de base de secourisme. Ce fut un choc lorsque je fus envoyée, seule, pour un stage d'élève-infirmière dans un service de nuit d'une maison de convalescence pour des officiers de l'armée.

«Imaginez le contraste entre ce travail et l'univers douillet et protégé dans lequel j'avais grandi! La plupart du temps, je me retrouvais seule pour les gardes de nuit avec tous ces hommes dont beaucoup arrivaient en état d'ébriété, avec comme seule présence un lieutenant qui n'avait aucune autorité. Ce n'était pas facile; il y avait même des moments très pénibles. Lorsque mon père apprit la situation, il s'adressa instantanément au médecin-chef qui me fit transférer dans un autre service. C'était trop humiliant.»

Pauline fut envoyée dans une autre unité, juste au moment où la grippe espagnole atteignait le Canada à l'automne 1919. «Étonnamment, je n'attrapai pas cette grippe qui tua des centaines de personnes, et ceci malgré le peu de précautions que je pris. Juste une aspirine quand j'avais mal à la tête. Le manque de personnel se faisait durement sentir et nous devions travailler très dur. En fait, nous étions tellement occupés que nous n'avions pas le temps de nous inquiéter.

«Le plus bouleversant était de voir ces malades qui, un jour, se plaignaient d'un simple mal de tête et dont le lendemain matin nous retrouvions le lit vide. Ils étaient morts dans la nuit. Et c'était presque toujours les plus jeunes et les plus vigoureux qui étaient frappés. C'était très dur. Aujourd'hui, nous avons les antibiotiques; à l'époque, rien ne permettait de lutter contre cette maladie. Le tout était extrêmement éprouvant pour une jeune fille qui n'avait jamais été confrontée à la mort.»

Pauline continua son travail social bien au-delà de ses vingt ans, rendant visite aux familles des soldats blessés et malades. Mais à la même époque, cette jolie jeune fille commençait également à s'intéresser à la gent masculine.

«Au début, j'étais extrêmement timide et me faisais remarquer de la façon la plus stupide qui soit. J'étais grande de taille et m'efforçais de me rendre intéressante et de me donner des airs en me mettant de la poudre et du rouge à lèvre, le genre Theda Bara. C'était tellement peu moi! À vingt ans, je me comportais comme les filles de quatorze ans de nos jours.»

Pauline était alors loin d'imaginer les grands changements qui allaient transformer sa vie. Sa famille avait le projet de partir pour l'Europe en septembre 1919. C'est également à cette date qu'elle devait faire la connaissance d'un jeune et distingué héros de guerre nommé Georges Vanier.

Pauline Archer à 22 ans, un an avant son mariage.
(Archives nationales du Canada, PA 127234)

3

Fiançailles et mariage avec Georges Vanier

(1919-1923)

Au début de l'année 1919, la société francophone de Montréal faisait un accueil délirant à un jeune et brillant officier canadien-français, «Tommy» Tremblay qui, à 33 ans, était sur le point de devenir l'un des plus jeunes généraux du Canada. Pauline Archer l'avait déjà rencontré, mais parmi tant de prétendantes qui espéraient attirer l'attention du jeune célibataire, elle était loin d'imaginer pouvoir faire impression.

«Quelle ne fut pas ma surprise lorsqu'il me demanda à brûle-pourpoint d'être sa cavalière et de l'accompagner à l'un des plus grands événements sociaux de la saison: une soirée pour fêter le retour du Royal 22e Régiment du Québec, le célèbre régiment "Van Doos".

«Imaginez mon excitation. Tommy n'était pas spécialement beau garçon, mais il avait beaucoup de charme. J'étais bien décidée à le faire parler de lui et de son expérience de guerre, mais à chaque fois que je lui posais une question personnelle, il me parlait d'un de ses officiers, Georges Vanier, et me racontait comment ce courageux soldat avait perdu une jambe sur le champ de bataille et avait reçu de nombreuses médailles dont l'Ordre du Service distingué et la Croix militaire pour sa bravoure. Je dois avouer que j'étais un peu agacée par ce Georges

Vanier qui, sans le savoir, me faisait perdre toutes mes chances auprès de Georges Tremblay.

«Quelques mois plus tard, alors que je prenais le thé au Ritz, Tommy arriva à ma table et, tout excité, annonça: "Georges Vanier est là! Mais il marche avec des béquilles pour l'instant. Voulez-vous venir à notre table et faire sa connaissance?" Heureusement, la mention des béquilles me permit de me souvenir qui il était et j'acceptai la proposition. À notre approche, Georges Vanier se leva. C'était un homme de 31 ans, grand, distingué, avec une moustache et les cheveux grisonnants. Ses manières étaient très courtoises. Il s'inclina profondément et dit; «Bonjour.» Je me souviens de l'avoir trouvé extrêmement bel homme et très sympathique. J'étais frappée par la vivacité de son regard et son merveilleux sens de l'humour. Apparemment, nous nous entendions tout à fait bien et le lendemain, il m'invita à déjeuner. Tout d'un coup, je réalisai que mon intérêt glissait de Tommy vers Georges!»

Les parents de Pauline approuvaient-ils ou non ce nouvel engouement de leur fille? Elle l'ignorait. Une chose pourtant était certaine: ses parents avaient bel et bien l'intention de partir pour la France quelques jours plus tard et il lui rappelaient qu'ils comptaient bien sur elle pour les accompagner.

Pauline était désespérée. Pire encore que la décision de ses parents fut l'attitude de Georges qui accepta la nouvelle avec le plus grand détachement. Et pourtant, il avait mentionné, au hasard de la conversation, qu'il lui offrirait un petit cadeau avant son départ; ceci accrut singulièrement les espérances de Pauline.

Lorsque le cadeau arriva enfin, ce n'était pas exactement ce qu'elle avait imaginé. Il s'agissait d'une série de cartes militaires soigneusement roulées et annotées en détail de sa main, afin qu'elle puisse découvrir son parcours militaire pendant la guerre et visiter les champs de bataille où il avait combattu.

«Certains de mes amis se moquèrent d'un cadeau aussi peu romantique, mais il avait pris tant de soin à annoter chaque carte en détail et à retracer chaque étape des batailles que j'en étais tout émue.»

Il était prévu que le bateau des Archer partirait de Québec. Georges ne put obtenir de permission pour leur dire au revoir. Pauline espérait bien qu'il enverrait un message qu'elle recevrait à bord. Aucun message ne l'attendait. Beaucoup plus tard, elle apprit qu'en fait il avait fait envoyer des fleurs, mais pas sur le bon bateau! En attendant, elle était complètement désespérée.

«Eh bien! je ne suis rien d'autre pour lui qu'une toquade», se dit-elle en elle-même. Elle allait lui montrer qui elle était! Et c'est ce qu'elle fit. À peine trois mois après son arrivée en France, Pauline se fiança avec un bel officier de l'armée française qui était également un lointain cousin. Curieuse coïncidence, il avait perdu un bras pendant la guerre. «Georges me taquinait souvent à propos de cette coïncidence, disant que je pouvais tomber amoureuse de quiconque, du moment qu'il lui manquait un membre!»

Au début, tout fut comme dans un conte de fée: le beau héros de guerre français, une superbe réception avec de nombreux amis et famille et même, tardivement, un télégramme de félicitations de Georges qui mystérieusement disait: «Vous comprendrez un jour pourquoi je ne vous ai pas félicitée avant.»

Mais l'excitation du moment passa très vite. «Je réalisai presque immédiatement que je ne pourrais jamais vraiment aimer cet homme et encore moins être heureuse avec lui dans le mariage. Je n'avais accepté sa proposition que pour narguer Georges. Les mois qui suivirent, je devenais de plus en plus malheureuse. Tous les soirs, je pleurais dans mon lit avant de m'endormir. J'allais à la messe tous les matins et demandais au Seigneur de faire quelque chose, de faire *n'importe quoi* pour me sortir de l'impasse.»

Malgré toutes ses appréhensions, Pauline se sentait incapable de rompre ses fiançailles. «Il me semblait qu'une fois une promesse faite il était impossible de la rompre. Je n'osais pas demander à ma mère son avis de peur qu'elle me confirme dans mon devoir de me marier. J'essayais de me convaincre moi-même que même si je ne pouvais pas aimer mon mari, je pourrais au moins trouver mon épanouissement en élevant une bonne douzaine d'enfants. Mon Dieu! comme je souffrais!

«Quand je pense à quel point les jeunes filles de mon milieu étaient ignorantes à notre époque! La plupart des jeunes filles de ma génération ne savaient rien de l'amour et ignoraient absolument tout sur le sexe. La plupart d'entre nous n'avaient qu'une très vague idée sur la manière dont naissaient les bébés: je pensais qu'un simple baiser suffisait pour être enceinte!

«Il me fallut quatre mois pour avoir le courage de rompre mes fiançailles. Mon fiancé me fit une scène épouvantable puis partit dans la nuit; pendant plusieurs jours personne ne put le retrouver. Tout le monde était persuadé qu'il s'était suicidé. Heureusement, ce n'était pas le cas.»

Lors de son séjour à Paris, Pauline eut la chance d'être introduite, grâce à une amie, dans un cercle de jeunes écrivains catholiques, *La vie des Jeunes,* qui se réunissaient tous les jeudis pour des conférences et des discussions.

«C'était vraiment passionnant d'être en contact avec un tel groupe, composé des plus grands écrivains de l'époque tel que François Mauriac. Je me demande encore comment ils acceptaient ma présence. La plupart du temps, je me taisais tant leur niveau était supérieur au mien. Pour la première fois, je prenais goût à la littérature française; c'était captivant.»

À la fin de l'été 1920, Pauline et ses parents retournèrent au Canada. Très fatiguée émotionnellement, Pauline quitta Montréal avec des amis pour se reposer en Gaspésie, région paisible et isolée du Québec, dans le Bas-Saint-Laurent. Elle s'accrochait encore à l'espoir de renouer les liens avec Georges Vanier, mais se demandait comment reprendre contact avec lui. Par coïncidence, elle rencontra un juriste, Walter Shanks, qui travaillait dans la même entreprise que Georges et qui passait également ses vacances en Gaspésie.

«"Mademoiselle Archer, dit-il, je crois que vous connaissez Georges Vanier. Il parle souvent de vous. Pourquoi ne lui enverrions-nous pas une carte postale ensemble?" Je n'en revenais pas. C'était la Providence. C'est pour cela que je crois à la Providence.»

Pauline insista pour que Walter écrivît la carte; elle ne fit qu'ajouter son nom à la fin. «Je suis encore hantée par la conviction que si je n'avais pas surmonté ma timidité et signé cette carte, j'aurais pu ne jamais revoir Georges.»

Georges répondit en annonçant qu'il quittait son cabinet juridique et allait joindre l'armée dans la ville de Québec. Étant donné qu'il lui serait difficile d'obtenir une permission pendant les premiers mois, Pauline accepterait-elle de venir lui rendre visite à Québec?

Elle se précipita à Montréal pour demander à ses parents la permission de se rendre à Québec. Ils acceptèrent et trouvèrent à Québec des amis pour veiller sur elle. C'est alors que l'on vit, presque chaque semaine, Pauline et Georges dîner en ville.

«Georges aimait beaucoup parler de son enfance et de la forte influence qu'exerça sur lui son grand-père Maloney, un Irlandais taciturne et laconique. Je découvrais également sa passion pour les livres. Rien ne lui faisait plus plaisir que de flâner chez les bouquinistes. Il adorait parler de ses auteurs favoris: Shakespeare et le romancier anglais William Thackeray. Il aimait aussi beaucoup la poésie. C'était un grand romantique et il appréciait beaucoup les œuvres des poètes anglais, Byron, Keats et Shelley. Des années plus tard, je découvris un petit livre des œuvres de Shelley, relié de cuir rouge, qu'il avait précieusement gardé sur lui pendant toute la guerre.

En janvier, on vit le couple faire de longues promenades en traîneau le soir. C'est à cette époque que Georges discutait avec Pauline de ses lectures philosophiques: Henri Bergson, qui prétendait que le monde vivait un conflit permanent entre les forces de vie et le matérialisme, et Ernest Psichari qui affirmait que la discipline militaire pouvait servir de modèle à une discipline chrétienne. Pauline en acceptait l'idée, mais considérait l'amour plus important que la discipline. «Je crois qu'il a apprécié que je défende mon point de vue avec conviction», se rappelle-t-elle.

Toutefois, elle avait aussi autre chose en tête lors de ces longues promenades en traîneau. «Je commençais à me demander si un jour Georges Vanier finirait par me poser *la* question. Finalement, lors d'une de mes visites en janvier, je lui annonçai que je devais écourter mon séjour et retourner à Montréal le lendemain. Ce fut un succès! Il me déclara son amour et me demanda ma main le soir même. Le lendemain matin, il me téléphona et me dit en hésitant un peu: "Est-ce que je vous ai bien demandé en mariage hier soir?" Lorsque je lui assurai que oui, il dit tout simplement: "Bon, je voulais seulement m'assurer que vous aviez eu la même impression!"»

Le premier cadeau qu'il lui offrit, avant même une bague, fut une petite bouteille: cette dernière contenait un peu de terre provenant de la botte de sa jambe amputée. «Il était évident qu'il considérait ce présent comme un bien précieux et symbolique: il me donnait quelque chose qui lui était très cher. J'ai trouvé ce cadeau non seulement très

Georges et Pauline Vanier à Montréal, 1922.
(Archives nationales du Canada, PA 122356)

émouvant mais aussi très romantique. J'ai encore cette petite bouteille avec son bouchon en argent dans ma chambre.»

Tous deux s'entendaient pour dire qu'il serait sage d'avoir de longues fiançailles. Les rares fois où ils ne pouvaient pas se retrouver le week-end, Georges lui envoyait un grand bouquet de roses. Pour faire bonne figure, il en envoyait également un à sa mère. La mère de Pauline était tout à fait conquise, mais il lui parut sage de prévenir Georges sur les traits de caractère de la jeune fille qu'il avait l'intention d'épouser: sa nature passionnée, l'exubérance de son âme et de son cœur, son côté très impressionnable presque à l'excès!

Le mariage de Pauline et Georges eut lieu le 29 septembre 1921. Ils choisirent de le célébrer en la basilique Notre-Dame à Montréal. Les amis emplissaient l'église et les jeunes mariés en sortirent sous une voûte d'acier formée par les épées dressées des officiers, camarades de Georges.

Après la réception, les jeunes mariés partirent en voiture aux Montagnes Blanches du New Hampshire pour un court voyage de noces. Georges ayant encore quelques difficultés à conduire avec sa jambe artificielle, Anthony, le jeune frère de Georges, se proposa pour leur servir de chauffeur. «C'était tout à fait généreux de sa part, mais une fois arrivés à destination, ce dernier, plein d'attention à notre égard, ne voulait plus nous quitter. Georges trouva mille excuses pour l'envoyer faire des courses ou bien lui donnait 5 dollars pour aller au cinéma. Mais il réapparaissait inévitablement. Il avait décidé d'être très obséquieux à notre égard et de nous traiter comme des personnes très importantes: il s'inclinait devant nous, se précipitait pour nous ouvrir les portes ou tirer nos chaises. À la fin, Georges, complètement exaspéré, lui cria: "Bon Sang, Anthony! Tu es devenu complètement fou ou quoi! Arrête toutes ces bêtises."

«Nous avons beaucoup, beaucoup ri. Finalement, Anthony s'associa à notre entrain, mais seulement au moment où nous retournions à Montréal.»

Les jeunes mariés passèrent du luxe de la lune de miel à la solitude et l'isolement d'une ville nouvelle et étrange, Kingston, Ontario, où Georges fut envoyé pour suivre un cours au Collège d'état-major de l'armée canadienne.

«Vivre avec la solde d'un officier de l'armée en temps de paix et payer avec cela le logement et la nourriture était une gageure. La seule chose que nous avons pu nous offrir était un logement délabré de quatrième zone qui, malgré tous nos efforts pour le nettoyer, paraissait toujours aussi sale.

«Nous nous nourrissions de pain et de saucisses, et notre revenu nous permettait seulement d'acheter deux saucisses à la fois. Nous avions une chambre et partagions avec un autre couple une salle de séjour divisée en son milieu par un rideau. C'étaient des gens bavards et notre chambre étant trop petite pour que Georges puisse y travailler, vous pouvez imaginer les difficultés qu'il avait à se concentrer sur des questions complexes de stratégie militaire dans cette pièce à demi commune avec des gens qui bavardaient à longueur de jour!»

Cependant, un grand tournant s'annonçait. Le Vicomte Byng de Vimy venait d'être nommé gouverneur général du Canada. À la veille de la Première Guerre mondiale, Byng était un aristocrate britannique, officier de cavalerie. En 1916, il fut nommé à la tête du détachement canadien qui devait servir en France. L'année suivante, il remportait une victoire héroïque à Vimy dans le nord de la France. Le choix de ce dernier comme gouverneur général fut donc très populaire parmi les Canadiens.

L'une des premières initiatives de Byng fut d'inviter Georges à être son aide de camp, honneur habituellement réservé à de jeunes officiers britanniques et qui n'avait jamais auparavant été accordé à un Canadien-français. Byng avait beaucoup entendu parler de ce jeune Québécois et était très impressionné par le fait que Georges veuille continuer à servir dans l'armée malgré la perte d'une jambe.

Pauline, toute jeune mariée, attendait cette première entrevue avec Lord Byng avec fébrilité, s'attendant à rencontrer un personnage imposant et distant. Pourtant, lors de leur première rencontre, le gouverneur général lui ouvrit grand les bras et l'embrassa très chaleureusement à la manière canadienne.

«Non seulement ça, se souvient Pauline, mais dès le début, il insista pour m'appeler par mon prénom qu'il prononçait "Por-Leen" dans son meilleur français.»

Le jeune ménage quitta le misérable logement de Kingston pour s'installer à Rideau Cottage, une belle demeure géorgienne dans le parc de la résidence du Gouverneur. «C'était une superbe maison. Très tôt chaque matin, Lord Byng passait à cheval devant nos fenêtres et y lançait des petits cailloux en disant: "Allez debout! bande de paresseux! Il est l'heure de se lever!"»

L'environnement de travail et le cadre de vie à la résidence du Gouverneur était à la fois agréable et stimulant. «Il y avait cependant quelques ombres au tableau. Par exemple, mon anglais n'était pas tout à fait à la hauteur des élégantes tournures de phrase de l'entourage du vice-roi. Quelques-uns de mes efforts pour tenir une conversation avec des invités de marque provoquèrent bien des rires. Tel le jour où je dis à un lord anglais: "N'hésitez pas à profiter de la femme de chambre"; ou encore, le jour où je déclarai à une Vicomtesse qui s'informait de la cave de Lord Byng: "Les vins du gouverneur général laissent à désirer."»*

Ces erreurs si innocentes ne firent que rendre Pauline plus chère aux yeux des Byng et les deux couples devinrent amis pour la vie. Lorsque le mandat de Georges arriva à échéance, ce dernier eut le grand honneur d'être invité, grâce à l'intervention de Byng, à suivre les cours du très célèbre *British Army Staff College***, en Angleterre.

Le soir précédant le départ des Vanier, Lord Byng invita Pauline dans son bureau pour la rassurer, mais aussi pour l'informer de ce qui l'attendait. «Lord Byng m'informa que dans un tel bastion britannique, nous serions l'objet d'une grande curiosité et considérés avec condescendance comme de curieux coloniaux. Par ailleurs, cela signifiait également que nous pourrions être invités par toutes sortes de personnalités, peut-être même le roi et la reine eux-mêmes que nos collègues ne rencontreraient vraisemblablement jamais. Il ne fallait surtout pas que cela me tourne la tête. Lorsqu'il eut fini et qu'il fallut rejoindre les autres, j'éclatai en larmes à l'idée qu'il fallait partir. Il posa son bras sur mon épaule et me raccompagna au salon, déclarant à ceux qui s'y trouvaient: "J'ai l'impression que notre chère Por-leen a ôté tout l'amidon de ma chemise!"»

---

* «Do not hesitate to take advantage of the chambermaid.» «Oh, the Governor General's wines leave nothing to hope for.»

** Collège d'état-major de l'Armée britannique

Pauline Vanier et son époux,
un lieutenant-colonel récemment nommé, 1925.
(Archives nationales du Canada, PA 166133)

4

Collège d'état-major, Camberley, et Société des Nations, Genève

(1923-1930)

Pauline était enceinte de sept mois de son premier enfant lorsque Georges reçut l'ordre de partir pour l'Angleterre. Ni la perspective d'une traversée de l'Atlantique difficile en plein hiver, ni la mise en garde de son médecin, ne purent la dissuader d'accompagner son mari. Début janvier 1923, ils arrivèrent sains et saufs au *British Army Staff College* de Camberley, situé à environ 55 kilomètres au sud-ouest de Londres.

Ils se présentèrent au collège et on leur attribua une maison appelée «Balgonie». On leur attribua également une femme de chambre, une ordonnance (soldat faisant office de domestique auprès d'un officier) et même un cheval pour la chasse à courre au renard. Les Vanier prirent rapidement contact avec un camarade de Georges, Harry Crerar, le seul autre officier canadien à participer à ce programme de formation militaire de deux ans. Pauline et l'épouse de Harry, Verse Crerar, avaient à peine fait quelques pas dans la rue principale qu'elles croisèrent deux Anglaises, femmes d'officiers; l'une dit à l'autre d'une voix suffisamment claire pour que Pauline puisse entendre: «Tiens! ce sont sûrement les deux petites coloniales!»

«Je suppose que ce sont nos bas qui nous ont trahies. Afin de faire bonne impression, nous avions mis nos bas de soie et nos chaussures neuves avec d'audacieux talons de trois centimètres. Très vite, nous découvrîmes que nos compagnes anglaises portaient encore des bas de laine et des talons plats!»

Leurs efforts pour se présenter et s'intégrer furent poliment repoussés, mais finalement Pauline fut invitée à prendre le thé pour faire la connaissance de quelques épouses d'officiers britanniques. «La plupart m'intimidaient énormément. L'une d'entre elles, par exemple, ressemblait tellement à un cheval que je ne la croyais pas réelle. Je faillis renverser ma tasse de thé tant sa voix ressemblait au hennissement d'un cheval. Je ne pouvais pas comprendre un seul mot de ce qu'elle racontait!»

Pauline, pourtant, remarqua une invitée dont le visage lui parut agréable et sensible; elle s'assit donc à ses côtés. Présumant qu'elle était elle aussi l'épouse d'un élève-officier, elle lui dit: «Je suis un peu inquiète de rencontrer les femmes des instructeurs. Comment dois-je leur parler?» Tout le monde se tut. Très gentiment, la personne répondit: «Exactement comme vous parleriez aux femmes des élèves-officiers.» Puis lorsqu'elle quitta la pièce, tout le monde éclata de rire. J'avais dû commettre une bévue. Il s'avéra que la femme à qui je m'étais adressée était la femme de l'instructeur en chef!»

Ce goûter fut, pour un certain temps, la seule occasion pour Pauline de rencontrer seule ses congénères britanniques; mais Georges et elle furent invités à un dîner de présentation et d'accueil des nouveaux venus. Pendant tout le dîner, il ne fut question que de chevaux, de meutes, et de «drague» (odeur laissée par un renard en fuite qui permet de le suivre à la trace). «Tous ces sujets étaient du chinois pour moi et pour une fois, je n'ouvris pas la bouche. Ce fut mon initiation à la bonne société du *Staff College*.»

À la mi-février, Pauline, enceinte de huit mois et demi, refusait la plupart des invitations. Le 27 de ce mois, elle mit au monde son premier enfant, Thérèse Marie Chérisy Vanier.

Vers la fin de leur séjour en Angleterre, et probablement grâce à l'intervention de Lord Byng, un messager royal vint présenter aux

Pauline Vanier à un bal, 1927.
(Archives nationales du Canada, PA 185498)

Vanier une invitation à dîner avec Sa Majesté le roi Georges V et la reine Mary au Pavillon royal à Aldershot.

Pauline était alors de nouveau enceinte et de ce fait, il lui fut difficile de trouver une robe qui conviendrait à une telle occasion. Georges avait déjà acheté une vieille Citroën, mais il crut bon d'emprunter une voiture plus convenable pour une telle circonstance.

«Lorsque nous arrivâmes, nous fûmes inspectés par une dame d'honneur encore plus grande que moi. Elle me toisa du regard, déclara que mes cheveux étaient décoiffés et m'envoya me faire recoiffer par une femme de chambre. Quel début bien peu prometteur!»

On fit entrer les Vanier dans une salle d'attente où ils découvrirent que tous les autres invités n'étaient que de vieux généraux britanniques avec leurs épouses toutes munies d'un face-à-main. «Pauvres de nous, nous ne sommes que les petits Vanier», soupira Pauline. Une fanfare annonça l'entrée de leurs Majestés le Roi et la Reine; les hommes s'inclinèrent, les femmes firent la révérence et les invités suivirent le couple royal jusqu'à la salle à manger.

«J'étais la plus jeune invitée et la moins importante; j'étais donc placée en bout de table. Et pourtant, je n'étais éloignée du roi que de trois places. J'étais tellement nerveuse que je ne pus rien avaler.

«J'étais assise tout près de la princesse royale et remarquai qu'elle était enceinte et que sa grossesse était presque aussi avancée que la mienne. J'essayais désespérément de trouver un sujet qui puisse l'intéresser; je me tournai vers elle et lui dis: "J'ai l'impression que nous aurons des enfants du même âge." "Oui", me répondit-elle, l'air crispé, puis elle se tourna de l'autre côté et ne m'adressa plus la parole de tout le dîner! J'appris par la suite que les ladys royales ne sont pas censées apparaître en public lorsqu'elles sont enceintes. Mais si par hasard elles le font, toute référence à leur condition est extrêmement déplacée!»

Après le dîner, les dames se retirèrent dans une autre pièce, et chacune individuellement fut conduite à la reine Mary pour une courte entrevue.

«Bien évidemment, j'étais la dernière et lorsque la reine réalisa qui j'étais, elle sortit une cigarette de son sac et l'alluma subrepticement. Au même moment, le roi et les invités masculins commencèrent à arriver pour nous rejoindre; la reine éteignit rapidement sa cigarette et fourra le mégot dans son sac comme une écolière prise sur le fait!»

Lorsque, à leur retour au collège, on apprit que les Vanier avaient dîné avec le roi et la reine, la nouvelle fit sensation et ces derniers furent accueillis en triomphe comme des héros. «À partir de ce jour-là, nous fûmes invités à dîner à peu près tous les soirs pendant trois mois! On demanda même à Georges de faire une conférence à ses camarades de promotion; il réussit à obtenir qu'un tel honneur fût aussi accordé à Harry Crerar.»

Georges termina sa formation au printemps 1925 et fut promu lieutenant-colonel. On lui confia le commandement de son ancien régiment, le Royal 22e Régiment à Québec. Toute la famille repartit donc pour Québec et s'installa dans la Citadelle, une belle forteresse surplombant le Saint-Laurent. Il y régnait une ambiance chaleureuse parmi les familles de militaires et leur vie fut un tourbillon de mondanités, de réceptions, d'obligations militaires, de bals masqués et de tournois de tennis.

«Un peu plus tard cette même année, je donnai naissance à mon premier fils. Nous lui donnâmes le nom de Georges à son baptême; mais Lord et Lady Byng ayant accepté d'être ses parrain et marraine, on le surnomma très vite "Byngsie", un nom que famille et amis continuèrent à lui donner bien après son entrée dans l'ordre contemplatif des Trappistes où il avait reçu le nom de frère Benedict.»

Lord Byng devait terminer son mandat de gouverneur général l'année suivante, et serait sans aucun doute devenu le vice-roi le plus populaire de l'histoire de cette jeune nation si une tragique confrontation ne l'avait pas opposé au premier ministre de l'époque, Mackenzie King. King était à la tête d'un gouvernement minoritaire et craignait une défaite à la Chambre des communes si un rapport très critique était présenté à la Chambre. Il demanda donc au gouverneur général de dissoudre le Parlement et de proposer des élections immédiatement, avant que le rapport ne soit présenté.

Lord Byng, de son côté, crut bon de donner l'occasion au Parti conservateur, alors majoritaire, de former un gouvernement. Ce n'est qu'après l'échec des conservateurs à former un gouvernement que Lord Byng accepta de dissoudre le Parlement et d'appeler à de nouvelles élections.

Mackenzie King se lança alors dans une violente campagne électorale, prétendant que le refus premier de Byng représentait une intrusion britannique dans les affaires politiques canadiennes. King remporta l'élection avec une très faible majorité. Jamais il ne revint sur les positions extrêmes de sa campagne ni même ne chercha à se réconcilier avec le gouverneur général dont il avait si indûment souillé la réputation. «Je pense que M. King n'a pas réalisé combien Lord Byng a souffert de cet incident.»

Cet été-là, les Vanier passèrent leurs vacances à Murray Bay dans le Bas-Saint-Laurent. «Les Byng vinrent souvent nous voir et je me souviens de Lord Byng, assis avec Georges, discutant indéfiniment du bien-fondé de sa décision première. Nous faisions également de longues promenades ensemble. Plusieurs fois par semaine, nous marchions pendant des kilomètres. Il ne prononçait pas un mot, mais soupirait profondément en disant: "Pauvre de moi." Je sentais que c'était un homme brisé.»

Les Byng quittèrent le Canada le 30 septembre. «C'est un homme à bout de forces et malade du cœur qui partait», dit Pauline. Il devait néanmoins vivre encore neuf années en Grande-Bretagne où il continua de prendre part aux affaires publiques; jusqu'au bout, une amitié fidèle et profonde le lia aux Vanier.

Aux Byng succédèrent Lord et Lady Willingdon qui, très vite, firent la connaissance des Vanier en allant à Québec («Faites en sorte qu'il y ait des déploiements de police partout», ordonna le nouveau gouverneur général). Ce dernier décréta également l'aménagement intérieur de la Citadelle tout à fait insuffisant pour des invités vice-royaux. Willingdon demanda cependant à Georges de conserver son poste d'aide de camp honoraire, ce qui impliquait des visites occasionnelles à Ottawa.

«Lady Willingdon était aussi rigoriste que son mari et n'était jamais satisfaite de l'inclinaison et de l'enthousiasme de mes révérences. Un jour que ma révérence à son endroit lui semblait moins basse que celle que j'avais faite devant son mari, elle s'écria d'une voix forte: "Plus bas!"»

Le 15 mars 1927, naquit un deuxième fils que l'on prénomma Bernard. Au tout début de l'été de cette même année, les Vanier louèrent une maison à Pointe-au-Pic, dans le Bas-Saint-Laurent, où ils passèrent leurs vacances avec leurs trois enfants. Une catastrophe allait survenir: une nuit, fin juin, un incendie se déclara qui consuma la maison tout entière. Toute la famille ainsi que la nourrice et la mère de Pauline réussirent à s'échapper de cet enfer. Tout dans la maison fut détruit: vêtements, papiers importants ainsi que tous les bijoux de Pauline, y compris son alliance.

L'épreuve endurée par sa famille qui avait frôlé la mort, ainsi que les pénibles exigences de la vie sociale, affectèrent profondément la santé de Pauline. Accablée en permanence de maux de tête et à la merci de crises de dépression assez fréquentes, elle crut souffrir d'une tumeur au cerveau. «Ce fut une très très mauvaise période et j'avoue que cela dura presque sept ans.»

Dans l'espoir qu'un changement permettrait à sa femme de retrouver sa santé et sa joie de vivre, Georges consentit à quitter son régiment et accepta le poste d'attaché militaire pour la délégation canadienne à la Société des Nations à Genève. Cependant, il s'avéra que l'ambiance à Genève était bien peu propice au rétablissement de Pauline. La crise économique mondiale était à son comble et l'Europe se dirigeait vers la guerre. Un climat de cynisme et de désespoir régnait à Genève et à la Société des Nations.

Par ailleurs, toutes les économies de Georges avaient été englouties dans le crash boursier de 1929. «Il n'avait plus un sou et avait des dettes partout. Et nous étions là avec nos trois enfants à nourrir ainsi qu'une jeune femme écossaise qui s'occupait d'eux: Isabel Thomson. En fait, cette dernière ainsi que sa nièce, Agnes Young, travaillèrent pour nous pendant deux ans sans être payées. Ce n'est que plusieurs années plus tard que Georges put les rembourser.

«Hélas, mon état à Genève empira plus qu'il ne s'améliora. Je perdis 9 kilos. J'étais devenue un peu paranoïaque. J'avais peur de tout et de tout le monde. Je me soumettais au rituel de la vie diplomatique, mais ni la tête ni le cœur n'y était. Je devais être un véritable fardeau pour Georges. J'ai conscience de l'avoir fait beaucoup souffrir, mais il n'en laissa jamais rien transparaître. Il était incroyablement patient.

«Pire encore, je dus être opérée d'urgence à cause d'un sérieux problème de santé.» Georges, dans son journal intime, évoque les suites de l'opération: «(On m'a autorisé) à voir Pauline alors qu'elle reprend connaissance. Elle a le teint frais et clair. Elle m'a dit: “Est-ce bien terminé? Est-ce vraiment fini?" Je lui assurai que oui. "Mon pauvre Georges, mets-moi un peu d'eau sur la langue. Un peu d'air, Georges. M'ont-ils opérée?" Une infirmière lui a fait une piqûre de morphine, et tout doucement, elle s'est rendormie alors que je lui tenais la main.»

Cette accumulation d'épreuves et de soucis firent perdre à Pauline toute confiance en elle: elle se mit à douter de ses propres forces et de sa capacité à faire face à l'adversité; elle remit en question le soutien que Dieu pouvait lui apporter. Elle se sentait inutile et sans enthousiasme. Sa compassion pour la souffrance des autres était épuisée et le Seigneur, loin de la combler de son Amour, paraissait indifférent. Tout ceci fut la cause d'une crise spirituelle profonde. «Je perdis la foi, se souvient-elle. Ce fut une période de grande épreuve psychologique, spirituelle et physique.»

Elle était également très soucieuse de l'éducation de ses enfants pendant cette période si difficile. Heureusement, elle avait avec elle ses deux nourrices très fidèles.

«Ces dernières développèrent chez nos enfants beaucoup de qualités: par exemple, l'amour de la nature. "Nounou" Thomson avait ce sens pratique propre aux Écossais; c'était une personne très discrète. "Je suis Presbytérienne, disait-elle, est-ce que je peux quand même dire la prière, le soir, avec les enfants?" Je n'aurais jamais pu m'en sortir sans elle; elle est restée avec nous 17 ans.»

Pendant leur séjour à Genève, Georges fut invité à un colloque sur la Marine à Londres. Pauline avait appris à taper à la machine, «très lentement, avec seulement deux doigts sur ma petite machine à écrire portative». Souvent, elle secondait Georges en faisant son travail de secrétariat. Lorsque Georges reçut son invitation pour le colloque à Londres, Pauline en reçut une elle aussi, en tant que membre à part entière de la délégation.

«À peine étais-je arrivée à l'hôtel où je commençai à me changer que Georges me demanda de lui taper une lettre. J'étais donc là, en robe de chambre, en train de taper, lorsqu'un garçon d'étage entra pour livrer des chaussures. Je sais très bien pour qui il me prit: j'étais la secrétaire qui vit avec son patron. Ses soupçons furent d'ailleurs confirmés lorsque Georges se pencha sur moi et m'embrassa affectueusement sur la joue!»

La visite de Mackenzie King fut un rayon de soleil pour Pauline lors de son séjour à Genève. Ce dernier, sensible à l'affection que les Vanier portaient aux Byng, désirait gagner leur amitié.

«King était célibataire; je fus donc très surprise lorsqu'il remarqua que j'étais à nouveau enceinte, et encore plus lorsqu'il me déclara avec beaucoup d'assurance que ce serait un garçon. Et il avait raison! Je mis au monde un garçon.» Pauline appela son troisième fils Jean, mais Georges l'appela «Jock», par amitié pour la nounou écossaise. Ce nom lui reste jusqu'à maintenant. Jusqu'à ce qu'il ait neuf ans, «Nounou» voulut absolument lui donner son bain et l'appeler «mon petit Jock». Des années plus tard, quand Jock était dans la Marine, il lui arrivait d'emmener Nounou au cinéma et à ce jeune et grand gaillard, elle disait: «Jock, mon chéri, donne-moi la main pour traverser la rue.»

Lord Byng envoya ses félicitations pour la naissance de leur quatrième enfant et ajouta une note pleine d'humour adressée à Pauline: «Peut-être songez-vous à fonder une petite Société des Nations à vous?»

Les Vanier se firent plusieurs bons amis pendant cette période. Parmi eux, Agnes Macphail, première femme à être élue au Parlement canadien. Elle avait été désignée comme membre de la délégation canadienne à la Société des Nations; en tant que militante pacifiste, elle tenait beaucoup à participer à la Commission sur le désarmement, avec le secret espoir d'abolir toutes les armées.

«Imaginez son étonnement lorsqu'elle apprit que Georges Vanier avait été choisi pour travailler avec elle. Je pense qu'en arrivant à Genève elle s'imaginait que chaque soldat de métier l'accueillerait avec encore du sang sur les mains et une épée attachée en permanence à son côté.

«Je n'étais pas très sûre que le pragmatisme terre à terre de Georges fasse très bon ménage avec ce qu'il ne manquerait pas de considérer comme le pacifisme irrationnel d'Agnes. Pour cette raison, je pris du temps, avant son arrivée, pour discuter à fond avec Georges des positions de cette dernière. Il parut tout à fait impressionné par mon interprétation. Fort heureusement, en moins d'une semaine, nous arrivâmes à un compromis et nous devînmes d'excellents amis.

«Un collègue de la délégation française, le colonel Réquin, fut tellement surpris par la transformation d'Agnes que, lors de l'une de nos rencontres, il dessina une caricature de Georges promenant Agnes dans Genève comme un petit toutou!»

À une autre occasion, alors qu'Agnes avait la grippe, Georges affirma qu'il se proposait d'aller lui porter des fleurs et suggéra que Pauline aimerait peut-être elle aussi lui rendre visite. «J'arrivai à son hôtel où le concierge, un petit homme avec un manteau noir, me déclara qu'on ne pouvait déranger Mademoiselle Macphail sous aucun prétexte. "C'est une erreur", dis-je, et je montai jusqu'à sa chambre, le concierge me suivant d'un air penaud. En approchant de la porte, j'entendis la voix de Georges; je réalisai tout d'un coup qu'en fait le concierge protégeait Georges et Agnes McPhail!

«Beaucoup de femmes de grande qualité venaient à Genève à cette époque. Mais Agnes était la meilleure de toutes.»

5

La Maison du Canada, Londres

(1931-1938)

Le premier ministre, R.B. Bennet, tenait beaucoup à renforcer le Haut-Commissariat du Canada à Londres. Il persuada donc Georges Vanier d'accepter la nomination de «Secrétaire» ou assistant de Howard Ferguson, haut-commissaire de l'époque. C'est ainsi qu'en avril 1931 la famille quitta Genève pour s'installer dans une belle maison Régence donnant sur Regent's Park à Londres.

«C'était beaucoup trop luxueux pour nos maigres ressources. Jamais Georges ne me confia ses difficultés financières jusqu'au jour où je découvris qu'il était à découvert dans chacune des six grandes banques canadiennes!»

Pauline était encore faible les premiers mois après leur arrivée à Londres; il lui arrivait certains jours de ne pas quitter sa chambre. «C'était une période vraiment difficile pour moi, se souvient-elle. Trois mois durant, je me levais et me recouchais, m'inquiétant pour tout; ce qui me tracassait par-dessus tout, c'était qu'il nous faudrait peut-être envoyer nos trois fils au pensionnat. Je n'arrivais pas à me faire à l'idée de cette séparation. Vraiment, ça n'allait pas du tout; j'étais tout à fait impossible.»

Cette période fut néanmoins riche intellectuellement. «Je me remis à lire. Georges me fit connaître ses auteurs favoris, particulière-

La famille Vanier à bord d'un bateau, 1938. De gauche à droite:
Pauline, Thérèse, Bernard, Jean, Byngsie, Georges.
(Archives nationales du Canada, PA 166143)

ment les classiques anglais; j'appréciais Jane Austen et William Makepeace Thackeray pour leur façon satirique de se moquer des prétentions de l'aristocratie terrienne anglaise. Je découvrais également toute la beauté de la poésie anglaise et le réconfort spirituel qu'elle pouvait apporter. Je crois que plus que tout autre chose, ces livres m'ont aidé à me sortir du doute et de la dépression.

«L'un des premiers fruits de ce regain de vie fut mon insistance à abandonner l'une de nos prétentions, notre résidence de Regent's Park, pour nous installer dans une modeste maison d'Oxford Square. Ce fut parfait pour ma silhouette: quatre étages avec une pièce par étage!» Pour aider Georges à rembourser ses dettes, Pauline vendit tous ses bijoux et les remplaça par des imitations.

Ils réussirent à envoyer leurs trois garçons dans un externat privé dont le but exclusif consistait à préparer les enfants à entrer dans la très élitiste école de Winchester*. «Lorsque le moment fut venu d'annoncer au directeur que l'établissement auquel nous pensions pour nos enfants n'était pas Winchester mais un collège catholique appelé Beaumont, ce dernier explosa de colère, considérant que les deux années passées à les préparer étaient complètement gâchées.»

Pauline était enfin tout à fait remise de sa maladie et pouvait à nouveau seconder Georges dans ses responsabilités, surtout pour les questions sociales et parfois techniques. On lui demanda de participer à l'organisation d'une rencontre internationale sur les questions navales. À cette occasion, elle fut invitée, avec le reste de la délégation canadienne, à déjeuner au 10 Downing Street avec le premier ministre britannique de l'époque, Ramsay MacDonald.

«Étant la seule femme invitée, je me retrouvai assise à sa droite. Imaginez mon étonnement et ma stupéfaction lorsque je découvris que ce chef de gouvernement si respecté était déjà presque sénile, bien qu'ayant à peine 70 ans. Il n'arrivait pas à saisir la raison d'être de cette conférence, qui nous étions, et encore moins d'où nous venions.

«Une grande partie de la conversation fut totalement incohérente, bien qu'il prît beaucoup de plaisir à évoquer le jour où il reçut la politicienne anglaise à la langue acérée Nancy Astor. Ce qu'il se rappe-

* École privée anglaise.

lait de cette rencontre était le moment où cette dernière lui avait chuchoté à l'oreille: "Vous me trouvez séduisante, mais ce qui est sous la table l'est encore plus!" C'était là le premier ministre britannique!

«Nous eûmes droit à une autre désillusion lors de ce déjeuner. Il y avait au menu du mouton plus très jeune et du chou, les deux bouillis jusqu'à en devenir grisâtres, le tout suivi d'un dessert fade et insipide également de couleur grise. Nous prétendîmes devoir partir tôt afin de trouver un déjeuner correct au restaurant du coin, et être à l'heure pour la séance de l'après-midi.»

Pauline, impatiente de trouver un exutoire à son énergie fraîchement retrouvée, prit contact avec son médecin, Maurice Cassidy. «Ce dernier suspecta une déficience cardiaque, mais cela ne m'empêcha pas de lui demander si je pouvais l'accompagner lors de ses visites à l'hôpital, afin d'apporter soutien et réconfort aux malades les plus seuls. Nous rendîmes visite à chaque malade dans deux services d'hommes. À la suite de quoi Cassidy me déclara: "Vous avez vraiment un don auprès des malades; accepteriez-vous de venir régulièrement? Vous pourriez faire tant de bien." J'étais tout excitée de sa proposition et m'organisai pour passer au moins un après-midi par semaine à l'hôpital.

«Ce fut pour moi une expérience extrêmement stimulante. Je fis connaissance avec toutes sortes d'Anglais: des mineurs, des chanteurs de music-hall, des éboueurs, des chauffeurs de tramways. J'ai poursuivi ces visites pendant presque huit ans.»

Pauline garda contact avec plusieurs de ces malades ou avec leurs familles des années durant. «L'un de mes préférés était le jeune Billy Marshall. Ce dernier avait commencé à travailler dans les mines à l'âge de douze ans et, à 18 ans, ses poumons étaient obstrués par la poussière inhalée à longueur de jour. Il était atteint de silicose. Aucun traitement connu n'existait pour cette maladie et après plusieurs mois sans amélioration, le seul espoir était de lui enlever un poumon. On déclara l'opération réussie, mais Billy mourut peu de temps après.»

Quelques temps après, l'hôpital reçut une lettre adressée à «La Dame» du service. C'était la mère du jeune homme qui écrivait à Pauline. «Cette lettre était très belle. À partir de cette époque, cette femme m'écrivit sans faute deux fois par année. Lorsque la guerre éclata, elle m'écrivit de sa maison de Gloucester, me proposant d'accueillir nos enfants jusqu'à la fin de la guerre: "Ils seront bien en sécurité dans notre village et, comme nous sommes entourés de fermes, ils ne manqueront de rien. Ce serait un tel privilège pour nous!"

«Nous n'avons pas pu accepter sa proposition, devant regagner le Canada peu de temps après. Mais nous avons continué à correspondre jusqu'à notre arrivée à la résidence du Gouverneur à Ottawa. Après sa mort dans les années 60, sa fille trouva toutes mes lettres enveloppées dans du papier de soie et entourées d'un ruban mauve. Elle me les renvoya en signe de gratitude.»

C'est à cette époque que les Vanier firent la connaissance de l'écrivain anglais Rudyard Kipling, auteur de livres célèbres tels que *Le Livre de la Jungle* et *Capitaines Courageux*. «C'était un homme chaleureux, plein de sagesse et d'imagination, qui aimait beaucoup les enfants. Un jour, nous lui avions dit: "Notre fils nous a dit que vous saviez imiter les bruits de la jungle." Et M. Kipling envoya une petite lettre adressée au "Jeune garçon qui dit que je sais faire les bruits de la jungle". Byngsie venait de lui répondre pour le remercier lorsque j'appris dans le journal qu'il venait de mourir.

«Georges fit son apologie lorsque, peu après, il déclara: "Peu d'écrivains ont su écrire à la fois pour les enfants et pour les adultes. Kipling y est parvenu. Tous ceux qui l'ont connu ou qui ont lu ses livres l'en apprécient d'autant plus."»

En 1936, Vincent Massey arriva à Londres pour assurer les fonctions de haut-commissaire. Mike et Maryon Pearson l'y rejoignirent et les Vanier se lièrent d'amitié avec tous les trois.

«C'était l'époque de l'abdication d'Edward VIII, et cette période fut dramatique. Maryon et moi allions régulièrement au marché Caledonian acheter nos légumes. Toutes les deux, nous adorions y faire notre marché, sans parler de ses merveilleux cockneys* qui vous appellent "chérie" ou "ma bien-aimée".

«Nous nous y rendîmes le lendemain du discours d'abdication; les vendeurs de pommes de terre portaient tous une cravate noire. "Nous portons le deuil de notre liberté", nous dirent-ils. "Mais pourquoi?" leur avons-nous demandé? "À cause de ce qu'il a fait. Il a choisi

* Londonien caractérisé par son langage populaire.

la femme qu'il aimait au lieu de nous choisir, nous!" Beaucoup de gens ont dit que le peuple anglais supportait Edward à cause de cette idylle; c'est une erreur.

«Le couple royal partit pour l'Autriche cette nuit-là et je me souviens avec quelle ardeur nous étions suspendus à chaque bulletin d'information. Ce fut d'abord le premier ministre, Baldwin, qui prit la parole, puis ce fut le tour de (Winston) Churchill. Ensuite, nous attendîmes les réactions des dominions; dans l'ensemble, l'avis de ces derniers était très défavorable au mariage. Ils ne pouvaient pas accepter Mrs Simpson.

«Par la suite, la situation s'apaisa quelque peu, et avant même que nous puissions nous en douter, nous célébrions le couronnement de Georges VI. Pour rien au monde je n'aurais manqué une occasion aussi extraordinaire.»

Avant de quitter Londres, la compassion sans bornes de Pauline provoqua un profond changement dans les orientations spirituelles de Georges. Ce dernier avait toujours été très fier de sa profonde foi en Dieu et de son sens du devoir presque militaire envers son Créateur. À l'instar de l'écrivain Ernest Psichari et des théologiens jansénistes des dix-septième et dix-huitième siècles, Georges considérait que tout chrétien devait avant tout tendre vers la sainteté personnelle et avoir comme ambition suprême la maîtrise de soi et l'obéissance sans réserve. La notion d'amour était secondaire.

Une homélie donnée au printemps 1938 par un prêtre écossais, le Père R.H.J. Steuart bouleversa complètement cette échelle des valeurs. Pauline avait toujours été impressionnée par la sagesse et l'humanité de ce prêtre jésuite et c'est elle qui avait insisté pour que Georges l'accompagnât à l'office du Vendredi Saint.

Le Père Steuart parla de la transcendance de Dieu, une transcendance moins de majesté que d'amour: un amour pour toute sa création, un amour que Dieu nous invite à partager et à faire rayonner autour de nous. Cet amour pour les autres qui avait toujours été au cœur de la vie de Pauline s'enracinait à présent dans le cœur de Georges.

Cette transformation spirituelle rapprocha beaucoup les époux Vanier. Georges écrivait à son épouse tous les jours lorsqu'ils étaient séparés et lui manifestait son profond attachement, mais ne lui confiait que très rarement ses pensées les plus intimes. Comme l'a écrit Robert Speaight dans la biographie de Georges Vanier: «Alors qu'elle [Pauline] était démonstrative et extravertie, il était de nature réservée. Elle possédait son cœur, elle aurait aimé pouvoir mieux sonder son esprit, elle si prête à lui ouvrir le sien. Tout d'un coup, cependant, grâce à l'influence du Père Steuart, la barrière tomba. Désormais, elle pouvait parler et lui pouvait écouter. Et lui aussi, à sa façon, moins impulsive, plus réfléchie, pouvait exprimer ses pensées profondes. Il avait toujours été le roc sur lequel elle pouvait s'appuyer et désormais, de ce roc, jaillissaient des sources insoupçonnées qui allaient enrichir leur amour.»

Ce même été, les Vanier quittèrent Londres pour le Canada, ignorant alors qu'un poste encore plus important les attendait en Europe.

6

Paris à la veille de la guerre

(1939-1940)

En décembre 1938, Mackenzie King offrit à Georges Vanier le poste de ministre et chef de mission à la légation canadienne à Paris. Bien qu'une légation soit un peu moins prestigieuse qu'une ambassade, Georges Vanier devait rapidement exercer plus d'influence et avoir plus de prestige que bien des ambassadeurs à Paris.

La bureaucratie française, cependant, ne reconnut que très progressivement l'envergure du nouveau représentant canadien. Le jour de leur arrivée, en janvier 1939, Pauline alla demander conseil au chef du Protocole au ministère français des Affaires étrangères, désirant savoir à qui elle devait rendre visite. Normalement, l'épouse d'un nouvel ambassadeur doit se présenter à l'épouse du premier ministre, à celle du ministre des Affaires étrangères et aux épouses de nombreux autres diplomates.

Il se trouva que le chef du Protocole était une femme, «d'une corpulence impressionnante», précise Pauline. «J'étais terriblement intimidée et lui demandai à qui je devais rendre visite. Apparemment, il lui était tout à fait impossible de concevoir le Canada comme un pays indépendant, le considérant plutôt comme une dépendance ou une marionnette américaine. Elle ne pouvait se faire à l'idée que l'épouse d'un représentant de ce qu'elle considérait ne pas être un pays puisse rendre visite à qui que ce soit. C'est seulement après beaucoup d'insistance de ma part qu'elle finit par dire: "Bien, je suppose que vous *pourriez* rendre visite à l'épouse de l'ambassadeur américain."»

L'ambassadeur américain, Bill Bullit, était en poste à Paris depuis plus longtemps que tous les autres ambassadeurs et était par conséquent le doyen non officiel du corps diplomatique. Lui et sa femme reçurent Pauline immédiatement. «Elle me réconforta en me racontant que lorsqu'elle était arrivée, on ne savait pas non plus quoi faire avec elle. Elle était née au Brésil, et il était impensable qu'une Brésilienne puisse représenter les États-Unis. Par conséquent, pour les questions diplomatiques, on considérait l'ambassadeur américain comme étant célibataire!

«"On va arranger ça!" avait-elle affirmé, et rapidement elle réussit à me faire inviter à un important congrès où étaient invitées les épouses de nombreux ambassadeurs et ministres français. Elle veilla à ce que je rencontre toutes les personnes susceptibles de m'intéresser, et à partir de cette rencontre, je fus considérée comme l'épouse d'un ambassadeur à part entière.

«Mais j'étais tellement perdue parmi toutes ces femmes d'ambassadeurs. Je ne savais pas comment me conduire, quand m'asseoir, quand me lever. Je crois que je finis par apprendre assez vite.»

Ces débuts sur la scène parisienne et mondaine furent sérieusement interrompus par ce qui aurait pu devenir une tragédie. «La première grande réception que nous organisâmes fut pour le nonce apostolique. Nous nous réjouissions d'accueillir quelques grands dignitaires de l'Église (dont deux cardinaux), des membres du gouvernement et des diplomates ainsi que certaines personnalités du monde littéraire et intellectuel. J'étais très anxieuse que tout se passe bien et je comptais beaucoup sur la présence sereine et rassurante de Georges pour calmer ma nervosité.

«Georges avait l'intention de prendre l'après-midi de congé pour m'aider à tout préparer. Mais à 11 heures 30, il me téléphona pour me dire qu'il partait sur-le-champ pour l'aéroport afin d'attraper un avion pour Londres. Il venait de recevoir un appel de l'école de Byngsie, près de Windsor, lui annonçant que notre fils était gravement malade et risquait d'être opéré immédiatement. Georges n'avait pas le temps d'expliquer; il me raconta plus tard que lorsqu'il avait entendu la mauvaise nouvelle, la réception lui était complètement sortie de la tête.

«Bien entendu, je restai à Paris pour m'occuper de la réception. Impossible de décommander autant d'invités; et pourtant, j'étais morte d'inquiétude, ne sachant pas ce qui arrivait à Byngsie. Je ne me souviens que très peu de la soirée: je devais avoir l'air très absente et pourtant plusieurs de nos invités y firent plus tard référence comme l'une des soirées les plus réussies qu'ils aient passées à Paris.»

Pauline n'eut aucune nouvelle de Londres jusque tard dans la soirée, et les nouvelles étaient inquiétantes. Byngsie avait une appendicite aiguë et devait être opéré d'urgence. Toute la paroi intestinale était infectée, et il était dans le coma. C'était avant l'époque des antibiotiques et les chances de survie étaient très minces.

«Le lendemain matin, j'attrapai le premier avion pour Londres. Georges m'attendait à l'aéroport et me conduisit directement à l'hôpital. "Pour être franc, nous dit le médecin de Byngsie, s'il n'était pas si jeune, je dirais qu'il n'a aucune chance. Mais puisqu'il n'a que treize ans, il y a peut-être un espoir." Le Père Lillie, recteur de l'école de Byngsie, nous avait rejoints à l'hôpital et avait essayé de nous préparer au pire. "Vous devez accepter la volonté de Dieu, quelle qu'elle soit", nous dit-il. "Pas question, criai-je, il doit vivre."

«Je vois encore la réaction du Père Lillie: il sortit de sa poche une petite boîte contenant l'huile sainte que l'on impose lors du sacrement des malades et il sortit son chapelet de sa ceinture. "Vous devez le consacrer corps et âme à la volonté de Dieu." Il était en train de me dire que Byngsie allait probablement mourir et que je devais le laisser s'en aller. Je reçus comme une énorme claque en pleine figure. "Eh bien, prenez-le! criai-je. Prenez-le vivant ou mort."»

Le deuxième jour, Byngsie était toujours vivant. «Une messe fut célébrée à son intention; tous les élèves du collège y participèrent et prièrent pour lui. Juste au moment où nous quittions la chapelle, il y eut un téléphone du médecin pour dire que Byngsie était sauvé. Une péritonite (inflammation de la paroi abdominale) provoquée par l'éclatement de son appendice avait formé un abcès de la taille d'un petit melon à l'intérieur de la paroi. Si l'abcès avait éclaté, Byngsie serait mort. Mais les médecins avaient réussi, presque miraculeusement, à atteindre cet abcès et à le drainer.

«Il lui fallut plusieurs mois pour se remettre sur pied, mais il était sauvé. Je crois que l'on peut appeler cela un petit miracle. Depuis ce jour-là, Georges et moi fûmes persuadés que Byngsie recevrait de Dieu une vocation toute spéciale. Byngsie aussi dut avoir la même prémonition, car pendant sa convalescence, il lui arriva plusieurs fois de demander un prêtre; et le bon Père Tomey, un irlandais, venait le voir, parfois même à deux heures du matin.

«Bien des années plus tard, Byngsie nous annonça qu'il se sentait la vocation d'entrer chez les Trappistes, ordre de moines contemplatifs. Il s'imaginait que nous serions surpris par sa décision, ou même que nous nous opposerions à son choix. Ce ne fut pas le cas! C'est alors que je lui racontai comment il avait frôlé la mort et comment, à cette occasion, je l'avais confié à Dieu, “mort ou vivant”.

«Son choix de vie se révéla un très bon investissement. Il fut un véritable roc pour moi lorsque, des années plus tard, ma foi fut ébranlée par le doute.»

Pendant l'été 1939, un terrible pressentiment s'abattit non seulement sur la France, mais sur tout le continent européen. Il était évident que l'Allemagne s'apprêtait à faire la guerre et l'ambiance à Paris était des plus morose. Les familles se mirent à accumuler des provisions, une importante présence militaire s'installa et la vie des cafés parisiens, d'habitude si effervescente, se teinta de tristesse et de mélancolie. La famille Vanier décida d'échapper à cette atmosphère étouffante en prenant de courtes vacances d'été à Varengeville, une station balnéaire du nord de la France près de Dieppe.

Ces vacances devaient être pour les Vanier leurs derniers moments heureux en famille pendant de longues années. Ce fut également le cas pour la plupart des vacanciers de la station balnéaire. Parmi eux, la vedette de cinéma américain Bette Davis ainsi que A.P. Herbert, dont les contributions humoristiques à l'hebdomadaire britannique *Punch* avaient distrait les Vanier pendant de longues années. Avec ses grosses lunettes, sa tignasse frisée et ses grands pieds noueux et toujours nus, il contribua considérablement à détendre l'atmosphère et à distraire son entourage.

«Nous faisions tout pour oublier la guerre imminente. C'est ainsi qu'un jour, nous allâmes déjeuner dans un restaurant près de Dieppe.

À la fin du repas pourtant fort copieux et généreusement arrosé, A.P. voulut encore me verser un dernier petit verre de calvados. Je le prévins que si je le buvais, il lui faudrait me porter. "J'en serai enchanté", rétorqua-t-il. Je repoussai donc le verre et au moment de sortir de table, horreur! impossible de me tenir debout. Lui était à peine plus vaillant, mais il me hissa courageusement sur ses épaules et me traîna en titubant gaiement jusqu'à l'hôtel, au son des cris de joie des amis, de la famille et des passants ahuris. Ce fut la dernière fois en cinq ans que nous eûmes l'occasion de rire ainsi de bon cœur.»

Le lendemain, le gouvernement français ordonna la mobilisation générale de toutes les forces armées françaises. L'hôtel se vida et à toute heure, on pouvait entendre sonner le couvre-feu et les sirènes anti-raid aérien, ceci à titre expérimental. Les carnets de rationnement apparurent et les déplacements devinrent difficiles. Georges retourna immédiatement à Paris, tandis que Pauline et les enfants restèrent à Varengeville.

On conseilla aux familles de diplomates de quitter Paris en prévision des bombardements allemands; Georges se mit donc à la recherche d'un hébergement à la campagne pour sa famille. Ceci s'avéra une tâche herculéenne car les propriétaires terriens donnaient la préférence à leur famille et à leurs amis plutôt qu'à des étrangers. Finalement, un cousin de Pauline leur vint en aide et se rappela qu'un de ses propres cousins, un marquis, était propriétaire d'un château dans un village du Loir-et-Cher, à environ 200 kilomètres au sud-ouest de Paris. Ce dernier accepta volontiers de les accueillir. «J'ai l'impression qu'il était heureux de nous avoir car il craignait que son château ne soit réquisitionné par l'armée française. Naïvement, il pensait que d'accueillir une famille de diplomates lui procurerait une immunité diplomatique et éviterait que son château soit réquisitionné.»

Cette solution arrivait à point car toutes les familles de diplomates furent très vite priées de quitter Paris. Georges fit envoyer une voiture avec son chauffeur, Joseph, pour aller chercher Pauline et les enfants encore en vacances et les conduire jusqu'au château. La voiture tomba en panne mais le chauffeur, avec la détermination que lui donnait sa peur des Allemands (bien que la France ne soit pas encore officiellement en guerre), fit des merveilles pour la réparer.

Ce n'est qu'après le coucher du soleil qu'ils arrivèrent en Loir-et-Cher. «Lorsque nous arrivâmes, le village était plongé dans l'obscurité et personne ne répondit lorsque le chauffeur frappa aux portes pour demander des indications. Il était environ minuit lorsque nous parvînmes enfin devant le château de style Louis XIII, triste et délabré. Un marquis à la mine renfrognée nous accueillit et une domestique encore plus revêche nous montra nos chambres. "Vous allez être très malheureux ici", nous annonça-t-elle solennellement.

«L'ambiance était épouvantable, se souvient Pauline. La domestique nous prit en grippe dès notre arrivée, car notre présence lui déplaisait. Elle se mit à voler le marquis et réussit à convaincre ce dernier que la responsabilité en incombait aux enfants Vanier. Le jardinier non plus ne supportait pas les enfants et les rendait responsables pour toute tête de bétail qui disparaissait ou tombait malade. Un jour, Jock découvrit un veau étranglé dans l'étable et lorsqu'il l'annonça au jardinier, ce dernier l'accusa du forfait. Les désastres se succédaient les uns après les autres. Chaque fois que Georges nous rejoignait le week-end, c'était pour découvrir une nouvelle catastrophe à gérer.»

Le 1er septembre 1939, les Allemands envahirent la Pologne. Deux jours plus tard, la France et l'Angleterre, garantes de l'intégrité de cette dernière, déclarèrent la guerre à l'Allemagne. Les pires craintes se réalisaient.

Après le bombardement subit et cruel des villes polonaises en septembre, des milliers de Parisiens, anticipant le même sort fatidique pour leur ville, fuirent la capitale pour chercher refuge à la campagne. Par des trains bondés, des routes encombrées, ils débarquaient chez de lointains cousins avec leurs valises pleines à craquer, des matelas et des enfants déroutés tirés dans des remorques.

Ne s'attendant pas à une entrée en guerre aussi rapide de la France et de l'Angleterre, les Allemands n'étaient pas préparés à attaquer la France immédiatement et une longue période d'observation mutuelle ou «drôle de guerre» s'installa. Les réfugiés retournèrent prudemment à Paris et attendirent avec anxiété la suite des événements.

Pendant ce temps, les Russes, refusant de voir la Pologne entièrement occupée par l'Allemagne, passèrent un accord avec Hitler leur permettant d'annexer un tiers du pays à l'est. À cause de cette complicité entre la Russie et l'Allemagne, les Français se mirent à suspecter la loyauté des communistes français. On leur supprima leurs libertés civiques; les hommes furent emprisonnés ou envoyés au front en première ligne. Femmes et enfants furent tenus à distance loin de Paris de crainte qu'ils ne sabotent l'effort de guerre français.

Une cinquantaine de membres de ces familles communistes se trouvaient dans le village du marquis; comme personne ne voulait les héberger, la municipalité les relégua dans des baraques abandonnées ou en ruine. «Les conditions de vie de ces malheureux innocents étaient déplorables. Nous étions bien décidés à les aider à la mesure de nos moyens. J'organisai des secours et recherchai des conditions de logement plus décentes. Thérèse, âgée de 16 ans, donnait des cours aux enfants et les trois garçons participaient à la construction des abris. Ma mère nous rejoignit et toutes deux, nous organisâmes des cours de catéchisme. Tous les enfants furent baptisés!»

L'hiver succéda à l'automne sans que la «drôle de guerre» ne se transformât en guerre véritable. Sans raison apparente, le pays fut victime de pénuries et de perturbations dans les administrations et les services sociaux, comme si l'Allemagne avait déjà envahi la France.

«Georges était de plus en plus épouvanté des conditions dans lesquelles nous vivions. Finalement, en avril 1940, après huit mois lugubres dans ce château, Georges trouva une bonne excuse pour nous rapatrier à Paris: la typhoïde s'était déclaré dans le village; Georges dut convaincre les autorités françaises que, jusqu'à ce que les Allemands envahissent effectivement la France, nous serions plus en sécurité à Paris qu'à la campagne. Grâce à Dieu, nous pûmes partir.»

De retour à Paris, les Vanier se réinstallèrent dans leur appartement. Pauline reprit rapidement son rôle d'étroite collaboratrice de son mari. Elle devint si partie prenante des responsabilités de ce dernier que lorsque le général Réquin, alors à la tête de la cinquième armée française, invita Georges à lui rendre visite sur la ligne Maginot à la frontière allemande, il invita également Pauline. «C'était la première fois qu'un tel honneur était conféré à une femme.»

La visite ne fut pas aussi grisante qu'elle l'escomptait. Pauline dut escalader des talus, enjamber des fossés, longer à tâtons des galeries mal éclairées et inspecter les premières lignes. «On nous conduisit jusqu'au front, à moins de trois kilomètres des lignes allemandes. Nous ne pouvions pas nous empêcher de penser qu'en un quart de seconde nous pouvions tous disparaître sous un éclat d'obus de l'artillerie allemande. Bien que nous fûmes encore dans la période de la "drôle de guerre", les Allemands tiraient de temps en temps, juste pour faire savoir aux Français qu'ils étaient bien là.»

Jusqu'à quand la «drôle de guerre» allait-elle se prolonger? «Le 9 mai 1940, l'ambassadeur américain, William Bullit, nous invita à dîner. Il y avait un éventail impressionnant d'invités: Édouard Daladier, tout récemment nommé premier ministre, plusieurs autres ministres et le vice-maréchal de l'armée de l'air britannique, Barrat.» La plupart des épouses avaient quitté Paris et Pauline et la journaliste américaine Dorothy Thompson étaient parmi les rares femmes présentes à la soirée.

«Les discussions ce soir-là fusèrent et les rumeurs allèrent bon train. Dans le courant de la soirée, des domestiques vinrent chuchoter des messages à l'oreille des invités qui immédiatement s'éclipsèrent. À minuit, nous nous retrouvâmes les seuls invités. Déjà, nous nous doutions de ce qui se passait. L'ambassadeur américain nous confirma les nouvelles annoncées aux autres invités. Sous couvert de l'obscurité, les Allemands avait lancé une attaque non seulement sur la France, mais aussi sur la Belgique et les Pays-Bas.

«Nous retournâmes à la maison le cœur gros. Je savais qu'une telle attaque était inévitable mais maintenant qu'elle avait réellement lieu, nous en étions malades.

«Nous dormîmes bien peu cette nuit-là. À quatre heures du matin, les sirènes anti-raid aérien déchirèrent la nuit de leur sifflement strident. Nous levâmes et habillâmes les enfants et descendîmes à la cave. La nuit s'écoula dans cet abri pendant que Paris subissait sa première attaque aérienne. Nous étions bel et bien en guerre.»

7

Évasion de France

(mai-juin 1940)

Cette attaque aérienne décida Georges à agir. «Avant de partir pour le bureau, le lendemain, il me demanda de préparer une petite valise pour chacun des enfants, ma mère et moi-même et de me tenir proche du téléphone. Peu de temps après, il appela et m'annonça en quelques secondes: "Ne me pose aucune question, le chauffeur va arriver pour vous emmener là où il sait. Que Dieu vous bénisse. Au revoir."

«En quelques instants, le chauffeur de la légation était là avec toutes les indications nécessaires pour nous conduire à la campagne, en lieu sûr. Il ignorait néanmoins le nom du propriétaire de la maison. Notre destination était un mystère pour nous tous; la seule chose que je savais c'est que c'était quelque part entre Blois et Bordeaux. Déjà des avions allemands volaient au-dessus de nos têtes, les sirènes sifflaient et les routes s'emplissaient d'interminables colonnes de réfugiés.

«Il nous fallut toute la journée pour parcourir moins de 200 kilomètres. Nous suivîmes les instructions de Georges et nous bifurquâmes sur une route secondaire qui nous conduisit à une toute petite maison. Un monsieur d'un certain âge nous ouvrit la porte et se présenta comme Monsieur Walker. Il connaissait quelqu'un à la légation canadienne; ce n'était pas Georges bien sûr, mais nous étions les bienvenus. Il y avait des lits pour ma mère et moi, mais les quatre enfants devraient dormir par terre, ce qu'ils trouvèrent évidemment très amusant. Pendant ce temps, notre chauffeur dut reprendre la route le soir même pour tenter de regagner Paris.

«Nous passâmes plusieurs jours dans ce lieu où Jock attrapa une très sérieuse infection de l'oreille; si sérieuse que je craignis même qu'il en perdit l'ouïe définitivement. Tous les médecins de la région avaient été réquisitionnés par l'armée. Mais la Providence veillait sur nous: un médecin qui fuyait Paris s'arrêta pour demander sa route. Il accepta de drainer l'oreille de Jock; son ouïe fut épargnée. Quel soulagement!

«Le soi-disant "lieu sûr" ne le fut pas longtemps. La maison où nous étions était située entre la Loire, avec une importante circulation fluviale, et la ligne ferroviaire Paris-Bordeaux, deux cibles parfaites pour satisfaire l'objectif numéro un de l'armée allemande: paralyser le réseau routier, ferroviaire et fluvial de la France.

«Partout régnaient la nervosité et la peur. Les gens croyaient à une vaste "cinquième colonne" d'espions allemands et de collaborateurs. Des milliers de réfugiés envahirent les routes; les premiers temps, ils fuyaient en voiture et en mobylette, puis l'essence venant à manquer, on vit de longues files de gens à vélo et en carriole. Nous installâmes au bord de la route des tréteaux et proposions aux plus misérables du café et le peu de nourriture qui nous tombait sous la main.

«Beaucoup de ces réfugiés arrivaient dans un état pitoyable. Un vieil homme arriva avec son cheval épuisé, tirant une charrette pleine de foin. C'était là son seul bien. Sa maison et sa ferme avaient été mis à feu et à sac par les Allemands et sa famille avait été tuée dans un bombardement.

«Une autre charrette était conduite par une femme d'environ 80 ans; à l'arrière, trois jeunes enfants et les quelques biens qui lui restaient, dont un mouton et quelques poules. Je lui offris du café puis lui demandai d'où elle venait et pourquoi elle fuyait. Elle me regarda et me dit: "Madame, je n'avais pas le choix." Elle venait d'un village près de Lille, près de la frontière belge et juste à l'endroit de l'avancée allemande. "Ma maison, mon village ont été détruits par les tanks allemands, me dit-elle. Mes petits-enfants étaient dans les champs quand les Allemands les ont faits prisonniers et les ont emmenés pour les travaux forcés. Leurs femmes ont été violées par les soldats allemands puis emmenées elles aussi; mes voisins m'ont dit qu'on les mettrait dans une maison close. Ces jeunes enfants sont mes arrière-petits-enfants et ces quelques objets sont tout ce qu'il nous reste."»

La «guerre-éclair» allemande *(blitzkrieg)* emportait tout sur son passage et Georges réalisa rapidement que le "lieu sûr" de sa famille était en réalité une cible idéale pour les bombardiers allemands. Il réussit à joindre Pauline au téléphone et lui demanda d'emmener les enfants chez des amis à la campagne par quelque moyen que ce soit. C'était un peu plus à l'ouest, mais encore au nord de la Loire. Ils se rapprochaient ainsi du port de Bordeaux, d'où ils pourraient quitter le pays par mer au cas où la France tomberait aux mains des Allemands, ce qui était fort probable.

Pauline alla à pied jusqu'à Blois, trouva une entreprise qui accepta de lui louer une voiture et un chauffeur et retourna chez les Walker y chercher toute la famille. «Nous avions déjà chargé la voiture lorsque j'eus une prémonition. Je dis aux enfants: "Allez! Descendez de voiture, on ne part plus!" Thérèse protesta: "Mais maman, tu avais promis à papa que nous quitterions cet endroit!" Je n'arrive pas à comprendre pourquoi je fus habitée par cette conviction que je ne devais pas obéir à Georges. Nous déchargeâmes la voiture et congédiâmes le chauffeur.

«Les bombardements s'intensifièrent cette nuit-là et je pensai que peut-être j'avais fait une erreur. Je me souvins tout d'un coup que j'avais des cousins qui vivaient au sud, de l'autre côté de la Loire. Je réussis à les joindre au téléphone et ils vinrent nous chercher immédiatement. Je n'oublierai jamais la tête des gens du village quand ils nous virent partir. Ils savaient que si nous partions, la France devait être condamnée. Cette nuit-là, les avions allemands attaquèrent massivement tout le réseau de communication et réussirent à détruire tous les ponts sur la Loire, de Blois jusqu'à la mer. «Si la veille nous nous étions déplacés vers l'ouest comme prévu, il est fort probable qu'il nous aurait été impossible de traverser la Loire et de rejoindre le sud. Nous aurions pu rester coincés là jusqu'à la fin de la guerre. Pire encore, les Allemands auraient pu nous découvrir et nous emprisonner. Vous direz ce que vous voulez, nous eûmes drôlement de la chance!»

Les hôtes de Pauline apprirent que les Allemands avaient encerclé Paris et allaient probablement envahir le sud-ouest d'ici peu. Pauline réussit à entrer en contact avec Georges. «Tes prémonitions étaient correctes et tes hôtes avaient raison, lui dit-il. Ne bouge pas, j'arrive dès que possible.»

De fait, les Allemands envahirent Paris cet après-midi-là. «Georges ferma et scella la légation; il fut le dernier diplomate étranger à fuir Paris envahi par les Allemands, une demi-heure avant minuit. Ce fut un voyage épouvantable, avec des bombardements tout au long de la route; ils mirent dix-sept heures pour arriver à Blois alors qu'il en faut trois en temps normal. Georges emmenait avec lui le dernier secrétaire de la légation, ainsi que Joseph, le chauffeur juif polonais, sa femme et leur chat.»

Georges se sentit obligé de s'arrêter et de rechercher les autres employés de la légation qui fuyaient Paris. Il expédia donc Pauline et les enfants vers le sud avant lui, en leur disant: «Une voiture va venir vous chercher. Partez immédiatement. J'espère que je vous reverrai bien vite. Que Dieu vous bénisse.»

«La panique régnait partout. Des ballots de paille barraient les routes et des piquets se dressaient dans les champs pour empêcher les parachutistes d'atterrir. Un détachement de soldats de l'armée de l'air française marchaient en colonne, le long des routes, leurs visages affolés jetant un coup d'œil à l'intérieur de notre voiture. Les avions allemands envahissaient le ciel. Un bombardier Messerschmitt allemand s'abattit juste devant nous. Je descendis de voiture, enjambai un fossé et m'approchai assez près du pilote pour voir sa croix gammée. Je voulais savoir s'il avait survécu. Il était mort.

«Nous nous approchions de Poitiers, à 200 kilomètres de Bordeaux, quand nous tombâmes en panne sèche. J'aperçus une station-service à quelques centaines de mètres et j'envoyai Joseph voir s'il leur restait de l'essence. Il revint tout décontenancé. "C'est fermé pour la durée de la guerre et les gens que j'ai rencontrés m'ont dit qu'il n'y avait pas une goutte d'essence d'ici à Bordeaux."

«Je demandai aux enfants de sortir leur chapelet et de prier. Ensuite, je demandai à Joseph de repartir et de cogner à la porte de la station-service jusqu'à ce que quelqu'un lui ouvre. Ce qu'il fit. Enfin, après un bon dix minutes, un homme apparut et finit par dire qu'il nous donnerait son dernier jerrican d'essence. C'était suffisant pour nous rendre à Bordeaux.»

Finalement, les voyageurs épuisés arrivèrent à destination pour s'apercevoir que la ville était envahie par des réfugiés et qu'il n'y avait pas moyen de se loger. Ils poursuivirent donc leur route vers la mer et s'arrêtèrent au village de Cantenac.

«Nous arrivâmes vers 18 heures et fûmes royalement accueillis par le maire, un gentil petit homme qui nous invita à rester chez lui. C'était merveilleux. Beaucoup de villageois avaient déjà fui et les habitants qui restaient avaient balayé les maisons abandonnées, couvert les sols avec de la paille, mis des draps propres sur les lits et posé une bouteille de Bordeaux et une miche de pain sur la table de chaque cuisine. Tout ceci afin d'accueillir les réfugiés.»

Georges réussit à rejoindre Pauline et sa famille à une heure du matin cette nuit-là. Des rumeurs troublantes annonçaient l'inconcevable: le gouvernement français envisageait de signer un armistice avec les envahisseurs allemands. Georges et Pauline décidèrent à contrecœur qu'ils devaient être prêts à quitter la France d'un moment à l'autre.

Au petit port du Verdon, à l'embouchure de la Gironde, on demanda aux bateaux de la marine marchande de ne pas quitter le port sans prendre à bord des réfugiés. Un torpilleur britannique descendit la Gironde pour prendre à son bord des centaines de passagers et les transférer sur les bateaux de commerce.

Les femmes et les enfants devaient monter les premiers. «Je savais qu'il n'y avait pas une minute à perdre, mais quand je vis qu'ils prenaient les femmes et les enfants d'abord, je fis toute une scène déclarant que je ne monterais pas sans Georges. Alors les autres épouses se mirent à en faire autant jusqu'à ce qu'un officier anglais me dise: "Madame Vanier, vous êtes une femme de qui on attend un exemple. Vous devez donner l'exemple." Je me sentis honteuse de mon égoïsme, et nous montâmes à bord immédiatement. Il y avait sur le pont un petit groupe de religieuses anglaises, des sœurs de l'Enfant Jésus; elles paraissaient toutes terrifiées. Je l'étais également, mais j'essayais de paraître confiante. Nous étions là, sur le pont, à prier en silence alors que le bateau s'éloignait dans la nuit.»

Au Verdon, le contre-torpilleur s'arrima au cargo *Nariva*, détourné de sa mission première qui était de transporter du bœuf d'Argentine. Les 200 passagers, femmes et enfants, grimpèrent aux échelles de corde pour atteindre le grand bateau. Le capitaine avait décidé qu'il serait plus prudent de quitter le port de jour car les bombardiers allemands avaient, jusque là, attaqué de nuit le trafic maritime côtier.

«Il aurait peut-être été préférable de partir de nuit car les bombardiers allemands s'attaquaient plus à des objectifs terrestres que maritimes. Nous étions près de la côte et le bruit était terrifiant. Fort heureusement, nous étions sous le pont, tous entassés dans une petite cabine, avec une couchette pour moi et les enfants et une autre pour Thérèse et ma mère. Nous avions tous nos chapelets autour du cou lorsque commencèrent les bombardements. Heureusement, les enfants ne pouvaient pas voir les explosions et ne se doutaient pas non plus de leur proximité. Je craignais de leur transmettre ma frayeur qui était difficile à dissimuler.

«Pendant le bombardement, un des officiers du navire entra dans notre cabine et se présenta sous le nom de Ralph Tedman. Il venait vérifier que chacun portait son gilet de sauvetage. Lorsqu'il vit combien les enfants étaient effrayés, sans parler de leur mère, il s'assit par terre et pendant près de deux heures se mit à nous raconter de merveilleuses histoires pour nous changer les idées.

«Nous le revîmes à plusieurs reprises pendant le voyage et il vint nous voir plusieurs fois à Londres. Il adorait visiblement les enfants et il lui arrivait même de les emmener au zoo ou au cinéma. Un jour, je lui demandai pourquoi il avait été aussi bon avec nos enfants. Il m'expliqua qu'il avait eu une enfance très malheureuse et qu'il avait quitté la maison à 16 ans. "J'ai trouvé en vos enfants quelque chose de très pur, me dit-il. J'étais vraiment heureux avec eux." Puis, au moment de nous dire au revoir, il ouvrit sa chemise, et me montra une grande croix en argent attachée à son cou. "Je ne suis pas catholique, mais cette croix m'a été donnée par un prêtre en Amérique du Sud et, depuis que je la porte, les choses les plus extraordinaires et les plus inexplicables me sont arrivées, comme faire votre connaissance et celle de vos enfants. Vous ne pouvez pas imaginer combien cette rencontre a été importante pour moi."

«Revenons à notre voyage. Le lendemain, encore aucune nouvelle de Georges. Nous apprîmes qu'un nouveau groupe de réfugiés était monté à bord; chaque centimètre carré du pont était occupé par des soldats endormis. Il s'agissait de militaires de l'armée de l'air britannique dont les avions avaient été détruits au sol, à l'aéroport de Tours. Ils avaient marché 48 heures sans s'arrêter.

«Notre bateau était plein à craquer et du coup un rationnement sévère s'imposait. Nous avions droit à deux sandwichs à la pâte de saumon par jour et du thé fait à l'eau de mer. Pour passer le temps, les enfants s'amusèrent à compter les embarcations de sauvetage et combien chacune pouvait contenir au maximum. Ils nous annoncèrent gaiement qu'en cas de naufrage, au moins 300 d'entre nous devraient regagner la côte à la nage!

«Le lendemain matin, j'étais debout à 5 heures et montai sur le pont. C'était un magnifique matin et je vis un avion allemand qui volait très bas. Il laissa s'échapper quelque chose qui ressemblait à un parapluie noir: un objet sphérique qui tomba dans l'eau juste devant nous. Le capitaine fit une manœuvre qui permit de dévier radicalement le bateau sur la droite.

«L'équipage passa l'incident sous silence. Ce n'est que bien plus tard que nous apprîmes qu'il s'agissait d'une mine magnétique. Ces dernières sont conçues pour s'ancrer au fond de l'eau et exploser lorsqu'un bateau passe au-dessus. Le capitaine me raconta qu'en fait la manœuvre qu'il avait effectuée, aussi violente fut-elle, n'avait sûrement pas permis d'éviter la mine. Si celle-ci n'avait pas explosé, c'était fort probablement parce qu'elle n'avait pas eu le temps de s'ancrer au fond de la mer.»

Le lendemain matin, à l'aube, un escorteur vint à notre rencontre et les deux bateaux se dirigèrent en zigzaguant vers le nord. Ce qui aurait dû être un simple voyage d'une journée devint un éprouvant parcours d'obstacles de cinq jours afin d'éviter de devenir une proie facile pour les sous-marins allemands.

Ils mirent le cap sur Falmouth, au sud-ouest de l'Angleterre mais, prévenus par un torpilleur britannique, ils durent faire instantanément demi-tour afin d'éviter un champ de mines installé par les bombardiers allemands à quelques dizaines de mètres de là. Les passagers ne furent pas informés sur le moment de ce changement de cap. Ce n'est qu'au milieu de la nuit que le capitaine se sentit assez soulagé pour annoncer qu'il espérait pouvoir accoster le lendemain à Milford Haven.

«Ce fut un voyage incroyable. Lorsque nous débarquâmes à Milford Haven, le capitaine nous parut l'air hagard et épuisé. Nous apprîmes plus tard que le pauvre homme, incapable de surmonter autant de tension nerveuse, s'était suicidé peu de temps après. C'est le pauvre Tedman qui le découvrit, sur le pont, une balle dans la tête.

«Quel soulagement de pouvoir enfin débarquer à Milford Haven. Nous fûmes accueillis par des volontaires de la Croix-Rouge avec des bonbons, des corbeilles de fruits, et des avances d'argent. "Grâce à Dieu, nous sommes sur le sol anglais", s'écria un des passagers. "Qu'est-ce que vous racontez, répondit un des volontaires, ce n'est pas l'Angleterre, c'est le pays de Galles!"

«La première chose que je fis fut de téléphoner à Londres pour avoir des nouvelles de Georges. Ils n'en avaient aucune, mais Vincent Massey nous demanda de prendre le premier train pour Londres. C'est ce que nous fîmes; Lillian et Vincent Massey nous attendaient tous les deux à la gare avec un pyjama et une brosse à dents pour chacun. En tout et pour tout, nous avions les vêtements que nous portions sur nous et nous étions si sales et débraillés que le personnel de l'hôtel Park Lane hésita à nous laisser entrer!»

Le lendemain, Pauline apprit que Georges était resté à Bordeaux jusqu'à la dernière seconde dans l'espoir de pouvoir prêter main forte à la résistance française. Ce fut en vain. Le nouveau gouvernement français avait signé une armistice humiliante avec les Allemands, prévoyant l'occupation immédiate par les Allemands de toute la côte atlantique française.

Tous les bateaux d'évacuation ayant quitté le Verdon, Georges et deux de ses collègues durent rejoindre Arcachon, village situé sur la côte, à l'ouest de Bordeaux. Là, ils demandèrent au skipper d'un sardinier baptisé *Le Cygne* de les conduire en mer le lendemain matin. Ils quittèrent le port à l'aube par un violent orage et une mer déchaînée pendant que le capitaine se démenait pour éviter que son embarcation ne chavire. Bien des années plus tard, Georges plaisantait en racontant que jamais bateau n'avait aussi mal porté son nom!

Tout d'un coup, à travers une pluie battante, ils aperçurent la silhouette bleu-grise d'un bateau de guerre. Voyant la détresse du chalutier, le navire se positionna de manière à le protéger du vent. Georges, avec sa seule jambe valide, réussit à se hisser par l'échelle de corde jusqu'au pont du navire. Quelle ne fut pas sa surprise quand, en haut de l'échelle de corde, il tomba nez à nez avec un de ses vieux amis et camarade d'armes, Wallace Creery. Ils se regardèrent, étonnés et s'écrièrent presque à l'unisson: «Mais qu'est-ce que tu fais là?»

La réponse de Creery fut simple: le bateau était le torpilleur canadien HMCS* *Fraser* et Creery en était le capitaine. Georges et ses associés furent accueillis royalement à bord. Néanmoins, pour accélérer leur arrivée en Angleterre, Creery réussit à organiser leur transfert sur le croiseur britannique HMS** *Galatea* qui faisait cap vers Plymouth. Georges arriva à Londres le lendemain soir où Pauline l'accueillit avec un immense soulagement.

Le Fraser continua à patrouiller dans la Baie de Biscay, mais il coula tragiquement deux jours plus tard. Au grand soulagement des Vanier, presque tout l'équipage fut sauvé, y compris l'indestructible Wallace Creery qui continua à commander d'autres navires de guerre avec talent.

---

* Her Majesty's Canadian Ship: navire de la Marine royale canadienne.

** Her Majesty's Ship: navire de la Marine royale.

8

Londres pendant la guerre

(juin-septembre 1940)

Les premiers temps à Londres se révélèrent difficiles pour la famille Vanier. Ils avaient quitté Paris en laissant tout derrière eux. À part ce qu'ils avaient sur le dos, ils ne possédaient plus rien: aucun effet personnel, aucun mobilier et presque plus de ressources financières. Ils durent donc au début compter totalement sur l'hospitalité de leurs amis. «Imaginez notre chance: une amie américaine m'envoya un télégramme de New York contenant une proposition incroyable qu'on ne pouvait refuser: elle mettait à notre disposition son appartement de Grosvernor Square, entièrement meublé, avec les services d'un maître d'hôtel et tout un stock de champagne dans le frigidaire.»

Les autorités britanniques, prévoyant une offensive aérienne sur Londres par les Allemands, conseillèrent d'évacuer tous les enfants. Les Vanier décidèrent, à contrecœur, d'envoyer leurs quatre enfants au Canada accompagnés par la mère de Pauline. Ils voyagèrent sur un bateau polonais escorté par un convoi militaire. «J'avais le cœur brisé de devoir me séparer de mes enfants, se souvient Pauline. J'appris bien plus tard que des amis avaient entendu dire que le bateau avait coulé. Grâce à Dieu, ils se gardèrent de nous le dire. En fait, c'était une erreur, ils étaient tous arrivés sains et saufs au Canada.»

À Londres, à cette époque, régnait un drôle de mélange d'excitation et de morosité. Des milliers de réfugiés d'Europe avaient réussi à rejoindre l'Angleterre où ils avaient à cœur de participer à l'effort de guerre britannique et essayaient de contribuer à la libération de leur pays. Les Britanniques, eux, ne pouvaient qu'espérer et prier pour que leur force aérienne, tout à fait insuffisante, leur permette de résister aux attaques aériennes allemandes.

Georges reprit ses fonctions et s'installa à la Maison du Canada, le Haut-Commissariat du Canada, à Trafalgar Square. En France, Paul Reynaud, premier ministre en temps de guerre, avait passé les rênes du pouvoir au héros de la Première Guerre mondiale, le Maréchal Pétain, alors âgé de 84 ans. Le 16 juin, à la consternation des Français, Pétain signa un armistice avec les Allemands leur permettant d'occuper les deux tiers de la France. Le dernier tiers du pays fut autorisé à former son propre gouvernement basé à Vichy, avec à sa tête le Maréchal Pétain.

Georges Vanier était alors, encore officiellement, le représentant légal du Canada en France, mais pour les Canadiens, il s'agissait de la France de Vichy sous la responsabilité du Maréchal Pétain. Le Maréchal s'engageait à rétablir des valeurs tombées en désuétude dans la France d'avant-guerre: l'ordre, la discipline, le respect inconditionnel de l'Église et de l'État. Cependant, Georges et Pauline émettaient bien des réserves sur la façon dont le chef du gouvernement, déjà âgé, réussirait à mettre en œuvre de tels principes alors qu'il avait sous ses ordres bon nombre de collaborateurs et de fascistes.

Malgré toutes les craintes des Vanier, les gouvernements britannique et canadien recherchaient tous les moyens possibles de soutenir Pétain dans l'espoir que Vichy se dégagerait de l'emprise allemande. Par ailleurs, au Canada, les Québécois conservateurs voyaient en Pétain le sauveur de la France, et applaudissaient à ses promesses de restaurer les valeurs françaises traditionnelles qui, jusqu'à la Révolution de 1789, avaient tant rapproché le Québec de la mère-patrie.

Les Vanier, eux, soutenaient l'opinion contraire. Ils voyaient autour de Pétain des politiciens sans scrupules qui, loin de représenter la France, n'hésiteraient pas à la première occasion à la vendre aux Allemands. Les Vanier firent tout pour convaincre les gouvernements britannique et canadien que seul le général de Gaulle, chef de la Résistance française, méritait la confiance et le soutien des Alliés. «Il était bien clair que le général de Gaulle était pour nous le seul espoir.»

Le général de Gaulle s'était déjà forgé une solide réputation d'expert en stratégie militaire et occupait le poste de sous-secrétaire à la

Défense nationale lorsque les Allemands envahirent la France. Lorsque Pétain annonça son projet de signer un armistice, De Gaulle s'y opposa farouchement et se réfugia en Angleterre. Là, il se déclara chef de la résistance française et lança par radio un émouvant appel à tous les Français, leur demandant de se rallier à lui. «La France a perdu une bataille mais n'a pas perdu la guerre. Luttons pour la sauver.»

Les Vanier restèrent convaincus du bien-fondé de la position de De Gaulle et travaillèrent sans répit pour le soutenir. À maintes occasions, Pauline dépoussiéra même sa machine à écrire portative pour participer activement à son action.

«À partir de ce moment-là, je devins la secrétaire de Georges et le restai pendant presque toute la durée de la guerre. Il y avait des moments où je devenais folle. Je me souviens d'une nuit mémorable où nous reçûmes un télégramme du premier ministre, demandant à Georges non seulement d'écrire un discours adressé au peuple français, mais aussi d'obtenir de la BBC qu'elle le diffuse le jour même. La seule pièce suffisamment chauffée pour travailler était la salle de bains; nous nous y installâmes. Je m'assis sur le siège des toilettes, seule place disponible et, ma machine à écrire posée sur les genoux, je tapai le discours de Georges, empreint d'émotion et de grandeur: “La France, l'honneur, la fierté, la gloire”. J'avais bien du mal à garder mon sérieux en pensant à la situation dans laquelle je tapais ce discours!»

Pauline et Georges consacrèrent beaucoup d'énergie à aider les réfugiés qui arrivaient en grand nombre en Angleterre. Une de leurs premières préoccupations fut leur fidèle chauffeur, Joseph, qui avait décidé de retourner à Paris alors occupé, pour aller à la recherche de sa femme. Georges lui avait confié sa voiture personnelle qu'il avait dû laisser en quittant la France. Elle lui servit bien peu. Georges et Pauline réussirent à faire passer une lettre à la femme de Joseph et en réponse, ils apprirent que Joseph avait été pris par les Allemands et envoyé dans un camp où il avait péri dans une chambre à gaz. Son seul crime était d'être juif.

Pauline prit rapidement contact avec la Croix-Rouge française à Londres et commença à visiter les hôpitaux du sud-est de l'Angleterre afin de s'occuper particulièrement des militaires et réfugiés français. «Tous les matins, je partais en voiture militaire, faisais le tour des hôpitaux et vérifiais s'il y avait des soldats français blessés. J'aidais particulièrement ceux qui ne parlaient pas anglais, le personnel hospitalier parlant rarement le français.

«Chaque réfugié avait des besoins bien spécifiques. Souvent, ils voulaient que je les aide à prendre contact avec des amis ou avec leur famille, ou bien ils désiraient s'adresser à des associations susceptibles de les aider.

«Il y en avait malheureusement que je ne pouvais pas aider: ceux qui étaient découragés au point de ne plus avoir le goût de continuer à vivre. Je me souviens d'un jeune homme complètement déprimé dans un hôpital du Kent. Il était dans une salle commune avec 48 autres soldats français, tous amputés. Le pauvre garçon n'était pas blessé mortellement, mais il avait été amputé d'une jambe et les blessures de l'autre jambe ne semblaient pas guérir. Les infirmières m'ayant prévenue qu'il n'avait plus goût à la vie, je passai de longues heures à son chevet, essayant de lui redonner espoir et goût de vivre.

«Je lui dis que bientôt il reverrait la France. Il me montra la photo d'une jeune femme avec un bébé dans les bras en me disant simplement: "Ma femme. Elle attend un deuxième enfant dans quelques mois. Notre ville a été presque entièrement détruite et elle a probablement été tuée. À quoi bon vivre?" Je restais à son chevet un long moment et quand vint le temps de partir, je lui dis: "À demain." Lorsque j'arrivai le lendemain, j'appris qu'il était mort dans la nuit.

«L'atmosphère de cette salle commune était incroyable. Il y avait là un homme appelé Robert, barbier de son métier, qui, bien que grièvement blessé, voulait absolument chanter à ses camarades les plus beaux airs du *Barbier de Séville* de sa riche voix de baryton. Il guérit de ses blessures et nous continuâmes à correspondre pendant bien des années.

«C'était un groupe remarquable. Ils avaient participé à la défense de Dunkerque et avaient embarqué sur le dernier bateau en partance pour l'Angleterre. Le navire avait heurté une mine et beaucoup avaient péri. Sur les 80 passagers survivants, 48 avaient dû subir une amputation.»

Des problèmes de communication dus à la langue venaient parfois se greffer sur des situations déjà bien douloureuses. Un jour, à l'hôpital Hammersmith de Londres, un groupe de patients d'une même salle, des militaires français, furent avertis qu'ils allaient être transférés à Liverpool afin d'éviter les bombardements à Londres. Les malades se mirent à protester et leur frustration fut augmentée par le fait qu'ils n'arrivaient pas à se faire comprendre du personnel de l'hôpital. Pauline nous raconte l'incident:

«Le personnel de l'hôpital était convaincu qu'ils avaient affaire à une mutinerie et s'apprêtaient à faire appel à la police pour transférer les malades dans une prison destinée aux ennemis. C'est à ce moment-là que j'arrivai. En fait, les malades s'imaginaient que ce transfert à Liverpool constituait la première étape d'un rapatriement vers la France. Tous étaient bien décidés, une fois sur pied, à rejoindre les "Forces Françaises de De Gaulle". Ils craignaient, en s'éloignant de Londres, d'être privés de cette possibilité. Je décidai d'appeler Malcom Macdonald, alors ministre de la Santé, pour lui expliquer la situation. Ce dernier les autorisa à rester à Londres.»

Une autre fois, Pauline apprit que le fils d'un éminent amiral français, connu pour être sympathisant de De Gaulle, était détenu dans une prison à l'extérieur de Londres. Après bien des difficultés, Pauline obtint la permission de lui rendre visite.

«Je m'y rendis donc dans une voiture de l'armée conduite par une femme. En arrivant, il y avait des fils de fer barbelé tout autour de nous et nous étions arrêtées par des sentinelles tous les cinquante mètres. Quand je sortis de la voiture, une foule se précipita vers moi, parlant toutes sortes de langues: anglais, français, polonais et bien d'autres. Je réussis à me faufiler jusqu'à l'intérieur de l'immeuble; là, un homme de grande taille, en civil, me fit entrer dans un bureau. Il s'assit en face de moi avec deux hommes de chaque côté et je fus l'objet d'un interrogatoire très détaillé. C'était très impressionnant.

«Lorsqu'enfin on m'autorisa à parler au jeune homme en question, il me raconta son histoire. Les Allemands se dirigeaient vers la ville du nord de la France où il faisait ses études. Craignant que les Allemands ne le prennent en otage pour forcer son père à collaborer — ce dernier étant un ingénieur spécialisé dans les questions navales —, il partit en auto-stop jusqu'à la côte où il trouva un bateau qui, en échange de tout l'argent qu'il avait, accepta soi-disant de le conduire jusqu'à un port au sud de la France où se trouvait son père. En réalité, le navire appareilla pour l'Angleterre où il abandonna le jeune homme.

Ce dernier, se sentant trahi, annonça aux autorités qu'il ne désirait pas rester en Angleterre.

«Les Anglais en conclurent que ce devait être un collaborateur allemand et le mirent en prison, sous haute surveillance, avec d'autres réfugiés suspects. Le pauvre garçon avait à peine 17 ans. Je fis jouer toutes mes relations pour le faire sortir de prison.»

De ses expériences de guerre, celle qui marqua le plus profondément Pauline fut le sort de son cousin Philippe de Hautecloque. Philippe était un colonel de l'armée française bien connu des Allemands comme étant un chef militaire très brillant. Son régiment avait été encerclé dès les premiers jours de la guerre et il avait été gravement blessé à la tête et fait prisonnier. C'était un résistant affiché au régime nazi et Pauline craignait pour sa vie. Plusieurs semaines passèrent sans qu'aucune nouvelle ne lui parvienne.

«Une nuit, alors que je rentrais de mes visites à l'hôpital, Georges me passa le téléphone en disant: "C'est quelqu'un qui prétend te connaître." Une voix familière, mais que je n'arrivais pas à situer, me dit: "Bonjour, Pauline, je suis François Leclerc. — Je suis désolée, répondis-je, mais je ne connais personne sous ce nom. — Peut-être que le nom de *Philippe* vous dira quelque chose?" dit-il en riant. Je criai de joie et de soulagement. Il était à la gare et arriva quelques minutes plus tard, la tête bandée mais dans une forme extraordinaire.

«Cette nuit-là, il nous raconta son histoire. Il nous expliqua qu'après avoir été fait prisonnier par les Allemands il fut jeté en prison à Lille qui venait de tomber aux mains de ces derniers. Il réussit à s'emparer de la clé de sa cellule et à franchir les différents postes de surveillance.

«Il devait éviter de passer par le pont, trop bien défendu. Il repéra un endroit sombre le long de la rivière, se déshabilla, enveloppa ses vêtements dans son imperméable et traversa la rivière à la nage. Puis il se dirigea vers le sud, se cachant le jour dans les fossés et marchant la nuit. Il fut capturé une deuxième fois près d'Avallon, alors qu'il était à moitié mort de faim. Les Allemands le mirent à nouveau sous haute surveillance, au troisième étage d'un hôpital de fortune. Une religieuse-infirmière l'aida à s'évader en attachant plusieurs draps les uns aux autres; il s'échappa par la fenêtre du troisième étage.

«Il réussit à atteindre une maison de campagne qui appartenait à sa sœur. Pensant qu'elle était désertée, il entra et se trouva nez à nez avec des Allemands qui l'attendaient. Heureusement, l'un d'entre eux était un conscrit de Tchécoslovaquie qui n'avait que faire de la cause allemande. Il cacha Philippe dans le grenier et lui apporta en cachette de la nourriture jusqu'à ce que ce dernier eût repris assez de forces pour continuer sa route.

«Les amis que Philippe rencontra en cours de route l'encouragèrent à prendre un pseudonyme, à brûler son uniforme et sa carte d'identité, à revêtir les vêtements d'un paysan et à accepter une bicyclette pour arriver plus vite à Bordeaux où sa femme se cachait.

«En chemin, Philippe fut accueilli sur la route par un paysan et ensemble, ils écoutèrent l'émouvant discours de De Gaulle exhortant les appelés français à venir rejoindre les Forces Françaises Libres. Ayant enfin retrouvé sa famille près de Bordeaux, Philippe s'imaginait que sa femme s'opposerait absolument à ce qu'il quitte la France pour continuer la lutte. Mais émue, elle aussi, par l'appel du général de Gaulle, elle lui dit: “Quand dois-tu partir?” Philippe m'avoua que si sa femme n'avait pas réagi ainsi, il n'aurait jamais eu le courage de continuer. Le lendemain matin, il repartait.

«Bien conscients que les Allemands devaient déjà être au courant de la présence de Philippe à Bordeaux, ses amis de la Résistance française lui procurèrent un faux passeport et un visa espagnol au nom de François Leclerc. Ils lui fournirent également un faux titre de transport pour aller de Lisbonne en Amérique du Sud. Il fut encore une fois arrêté en Espagne, mais réussit à s'évader et parvint à Lisbonne d'où il embarqua pour l'Angleterre.

«À Londres, Philippe décida de garder son nom de Leclerc, même après avoir rejoint De Gaulle. Il craignait surtout que les Allemands ne s'en prennent à sa famille s'ils venaient à découvrir à quel point Philippe de Hautecloque les avait trompés. La nuit de son arrivée, il diffusa un message à la France qui, en réalité, était essentiellement destiné à sa femme. Mon Dieu! que ce fut émouvant! Quelques années après la guerre, il était devenu le maréchal Leclerc. De Gaulle mis à part, il est probablement le Français qui a le plus contribué à la défaite allemande et pourtant les Allemands ne surent jamais qui il était réellement.»

Il devenait évident que le gouvernement de Vichy collaborait de plus en plus avec les Allemands; les Anglais en conclurent que la Marine française risquait de tomber aux mains des Allemands. Ils décidèrent donc d'expédier une flotte en Afrique du Nord. Là, lorsque les capitaines des bateaux de guerre français refusèrent de se soumettre aux Alliés et de continuer la guerre aux côtés des Britanniques, les navires français furent attaqués et détruits et de nombreux marins périrent. «Vous pouvez vous imaginer comment j'étais accueillie par les militaires français dans les hôpitaux britanniques suite à ces événements!» commenta Pauline.

La Bataille d'Angleterre, qui se déroula dans les airs au-dessus du territoire britannique, commença dans le courant de l'été 1940. Des raids aériens avaient lieu presque toutes les nuits. «Je me souviens de notre première nuit dans un "abri" à Londres. Ce n'était rien de plus qu'une pièce au sous-sol, mal aérée; une bombe sur notre immeuble nous aurait tous anéantis comme des mouches. En plein milieu du bombardement, un homme à l'air désespéré qui avait une tête en forme d'œuf et un nez d'aigle apparut dans l'embrasure de la porte accompagné d'une jolie femme tout aussi ahurie que lui. Tout essoufflé et ébouriffé, il claqua des talons, s'inclina devant nous et, à notre grande surprise, déclara: "Je suis le ministre belge des Affaires étrangères." Lui et sa compagne venaient de fuir la Belgique; nous passâmes cette première nuit de bombardement ensemble.

«Cette nuit-là, Georges fut vraiment extraordinaire: il s'efforça de nous distraire en nous racontant toute une série d'histoires drôles pour nous changer les idées et nous faire oublier les bombardements qui faisaient rage autour de nous.»

Georges avait souvent l'occasion de rencontrer le général de Gaulle; Pauline plus rarement. «Il avait peu de temps à consacrer aux femmes; je me souviens néanmoins d'une occasion où il me dit: "Madame, j'ai entendu dire que vous travailliez avec la Croix-Rouge et que vous vous occupiez des soldats français blessés." Il m'en remercia, puis ajouta: "Il est de votre devoir de faire le maximum pour que ces militaires me rejoignent dès que possible, quitte à les menacer le cas échéant."

«Je savais que je perdrais la confiance de ces hommes si j'étais aussi directe que le préconisait De Gaulle et, qui plus est, les autorités britanniques risquaient de me supprimer l'autorisation de continuer mes visites dans les hôpitaux. J'essayai donc d'être aussi diplomate que possible et rétorquai: “Bien évidemment, j'informerai ces hommes de votre campagne, mais il n'est pas question de leur imposer quoi que ce soit. Après tout, mon mari est diplomate et, à ce titre, dépend du gouvernement de Vichy; les seules déclarations que nous pouvons nous permettre sont celles que nous recommande notre gouvernement.

«De Gaulle se leva et me toisa du haut de son mètre 95. Il déclara: “Et dire que je croyais que vous aimiez la France!” Fort heureusement il sortit de la pièce, car j'avais du mal à retenir ma langue.»

À cette époque, les Allemands étaient persuadés qu'ils réussiraient à détruire Londres et à briser la volonté de résistance des Anglais. Malgré les bombardements aériens incessants, les Vanier tinrent bon. «Je pourrais en dire long sur le courage et la ténacité des Anglais pendant cette guerre aérienne. Ce qui m'impressionna le plus fut leur unité dans l'adversité: jamais je ne fus témoin du moindre acte de lâcheté ou de défaitisme.

«Un jour, je demandai à Georges s'il croyait que je pouvais, sans trop de danger, participer à une messe dominicale un dimanche après-midi. Un peu à contrecœur, il accepta, les bombardements se produisant surtout de nuit, mais il me fit promettre qu'en cas d'alerte de raid aérien je descendrais dans un abri.

«L'église était pleine à craquer et la messe avait à peine commencé lorsque la sirène sonna l'alerte. Le prêtre se retourna et déclara: “Tous ceux qui désirent quitter l'église sont invités à le faire et peuvent considérer qu'ils ont participé à toute la messe.” Pas une seule personne ne se leva. À ce moment-là, je posai le seul acte héroïque que j'accomplis de toute la guerre: j'attendis que la messe reprenne et, comme je l'avais promis à Georges, je me levai et quittai l'église.

«Lorsque je compare mon attitude au sang-froid des Anglais, je réalise que certaines de mes craintes étaient bien puériles. Je dois avouer que durant tout l'été, je pris mon bain à 4 heures de l'après-midi, heure à laquelle les bombardements étaient plus rares. Ma motivation était simple: j'avais entendu dire qu'un jour une femme prenait son bain lorsqu'une bombe éclata; elle fut projetée hors de chez elle toute nue. Il me semblait qu'une bombe me ferait moins peur que de me retrouver toute nue dans la rue!»

Pauline admit avoir accompli un jour un acte que certains qualifièrent de courageux et que Georges considéra complètement imprudent. «C'était lors d'un raid aérien — le jour où les Allemands touchèrent Buckingham Palace — et nous étions tous dans l'abri en train d'écouter à la radio le compte-rendu des combats. Tout à coup, on annonça qu'un escadron d'avions de combat canadiens venait d'arriver et participait à sa première action de défense de Londres. Avant que personne n'ait réussi à m'arrêter, j'avais quitté l'abri et me précipitai dans la rue pour envoyer des baisers aux pilotes au-dessus de ma tête. Plus tard, Georges me demanda combien de moteurs avait chaque avion. Je répondis fièrement: "Au moins deux chacun." Il m'apprit que c'est aux bombardiers allemands que j'avais envoyé mes baisers! Au moins, ils eurent la courtoisie de ne pas m'envoyer une bombe sur la tête!»

Ottawa s'accrochait toujours à ses illusions sur le gouvernement de Vichy. En décembre, sans même en informer Georges, le gouvernement canadien délégua Pierre Dupuy, officiellement sous les ordres de Georges en tant que premier secrétaire de la légation, pour effectuer une visite à Vichy. À son retour, Dupuy vanta les mérites et les vertus du régime de Vichy et insista beaucoup pour que le Canada noue des relations diplomatiques avec ce dernier. Georges Vanier, furieux, écrivit directement au premier ministre, Mackenzie King, pour donner sa démission comme représentant du Canada auprès de la France si cela signifiait représenter le Canada auprès du régime de Vichy. Jamais il ne reçut d'accusé de réception officiel à sa lettre.

Au cours de l'été 1940 cependant, le gouvernement canadien commença à croire au bien-fondé de la position de Georges. Le Canada n'était néanmoins pas prêt à se rallier inconditionnellement à De Gaulle. La présence à Londres de Georges qui affichait ouvertement son soutien à De Gaulle commençait à devenir gênante. C'est ainsi qu'en août 1940 la décision fut prise de rapatrier les Vanier à Ottawa.

«Nous quittâmes Londres à la date fatidique du 13 septembre. J'arrivai à la gare la première pour apprendre que tous les trains étaient annulés à cause d'un raid aérien imminent. Je retournai donc à l'appartement. Georges arriva à la gare peu de temps après et, devinant ce qui s'était passé, me rejoignit à l'appartement, malgré les nombreux bombardements. Nous apprîmes plus tard que, quelques secondes après son départ, deux bombes avaient explosé à 20 mètres de l'endroit où nous avions prévu nous rencontrer.

«Refroidis par cette expérience, nous attendîmes le signal annonçant que le terrain était dégagé pour prendre un train, à partir d'une autre gare, à destination de Glasgow. Quel soulagement ce fut de quitter Londres après quatre mois de bombardements presque incessants; et pourtant, j'éprouvais une certaine honte, j'avais l'impression de fuir comme une lâche.

«En arrivant à Glasgow, nous découvrîmes avec joie que nous avions nos réservations sur un paquebot canadien: le fameux *Empress of Australia.* Il y avait à bord beaucoup de gens que nous connaissions, ainsi que 300 enfants qui étaient évacués.»

Le paquebot resta en rade cinq jours dans l'estuaire de la Clyde; les Vanier furent les témoins impuissants et horrifiés du bombardement massif de la ville de Glasgow; une bombe explosa même dans la cheminée d'un croiseur tout proche. Ils entendirent à la BBC qu'un autre bateau, le *City of Bénarès,* qui venait d'appareiller, avait coulé, touché par une torpille, provoquant de nombreux morts, dont plusieurs centaines d'enfants.

Le départ des Vanier fut retardé parce que le croiseur allemand *Scharnhorst* ravageait avec acharnement la route que leur convoi avait l'intention d'emprunter. «Malgré ce contexte bien sombre et peu prometteur, aucune plainte ne s'éleva à bord. Finalement, nous appareillâmes en pleine nuit, formant un convoi avec quatre autres navires. À l'aube, je montai sur le pont et vis un hydravion Sunderland au-dessus de nos têtes, ainsi que deux corvettes qui nous escortaient. Je me sentis plus en sécurité.

«À notre étonnement cependant, nous mîmes le cap vers le sud et non vers l'ouest. Quelque part près des Açores, ces îles chaudes et humides au large de la côte portugaise, notre navire dit au revoir à son escorte. Il avait été décidé qu'étant donné la vitesse de notre bateau il était préférable que nous continuions seuls, espérant dépasser le *Scharnhorst* et les sous-marins allemands. On nous demanda de ne pas nous déshabiller et de garder nos gilets de sauvetage sur nous la nuit.

«Nous ne sûmes jamais les raisons de tous ces changements à toute heure du jour et de la nuit. Nous avions fait la connaissance du capitaine lors de l'embarquement: un jeune homme au teint frais, énergique et plein de vitalité, qui paraissait avoir à peine trente ans. Nous le revîmes à l'arrivée à Halifax alors qu'on le soutenait pour descendre à quai: il était l'ombre de lui-même; on aurait dit un homme de 70 ans. Pendant quatorze jours, il n'avait pas quitté son poste sur le pont.

«Jamais de ma vie, je n'oublierai ce voyage. Après tant de péripéties, qu'il était doux de retrouver le Canada!»

9

Retour au Canada

(1940-1943)

Le retour des Vanier au Canada fut une expérience très amère. L'état de leurs finances ne leur permit que de louer un petit appartement au rez-de-chaussée d'un immeuble de Montréal. Georges demeura sans travail jusqu'à l'année suivante, puis il fut affecté, à temps partiel seulement, au Comité conjoint de défense États-Unis – Canada. Le plus douloureux fut de réaliser que beaucoup de leurs bons amis refusaient de les voir à cause de leur dénonciation du régime de Vichy.

«Oui, notre nouvelle vie n'était pas facile. Notre soutien au général de Gaulle était bien connu et lorsque nous arrivâmes à Québec, il y avait bien peu de gaullistes — il y en avait quelques-uns, mais pas beaucoup. Le jour de mon arrivée, je rencontrai un vieil ami dont la femme était française. Elle était pétainiste et lorsqu'elle apprit que je soutenais De Gaulle, elle ne m'adressa plus la parole de tout notre séjour au Canada. De tels incidents n'étaient pas rares et fort douloureux.

«Puis nous passâmes une quinzaine de jours à Ottawa, à la résidence du Gouverneur chez les Athlone (le comte d'Athlone, qui était alors gouverneur général et son épouse, la princesse Alice). Ce ne fut pas facile. Comme beaucoup d'autres, ils n'étaient pas très sûrs de nous et ne comprenaient pas du tout notre prise de position déterminée en faveur de De Gaulle. Ce fut un séjour tendu, c'est le moins qu'on puisse dire.»

Les Vanier furent également très surpris de l'indifférence des Canadiens à l'égard de la guerre. «Nous avions été au cœur du conflit et à notre retour, nous avons réalisé combien les Canadiens avaient des difficultés à saisir l'ampleur des événements en Europe: la cruauté et la souffrance causées par la guerre, les atrocités commises par les allemands, les risques que couraient les réfugiés et la destruction nocturne de Londres. Tout cela leur paraissait trop loin pour être vrai.

«C'était incroyable de voir des gens se plaindre du rationnement ou bien du manque de sucre. Georges arrivait plus facilement que moi à se contrôler. Il m'est arrivé de partir en claquant la porte quand des gens commençaient à se plaindre de cette façon.

«Je pouvais comprendre l'inquiétude et l'angoisse des mères dont les fils étaient appelés, mais je ne pouvais vraiment pas comprendre que quelqu'un se plaigne de la vie ici au Canada. Ils n'avaient vraiment pas idée de ce que signifiait la privation.

«Nous fîmes tout notre possible pour témoigner de ce que nous avions vu en Europe et pour faire comprendre la menace d'une victoire allemande et ses conséquences pour le Canada, mais nos paroles tombaient dans l'oreille de sourds. Parfois même, nous fûmes victimes d'un véritable rejet et accusés d'être des traîtres et des menteurs. Je me souviens d'avoir été invitée à un cocktail à l'hôtel Mont-Royal de Montréal où je devais parler; on me présenta comme "la grande simulatrice"*. Je fus si blessée que je ne pus ouvrir la bouche et dus sortir.»

Georges dut lui aussi affronter ce genre de situations. Il devenait si gênant pour le gouvernement canadien qu'on alla même jusqu'à lui proposer un poste d'ambassadeur en Amérique latine simplement pour qu'il quitte le pays. «Bien évidemment, nous refusâmes. Notre place était au Canada pour essayer de convaincre nos compatriotes de tout mettre en œuvre pour participer à l'effort de guerre.

«Mais l'antipathie à notre égard était profonde. Nous commençâmes à recevoir des lettres et des téléphones de menace. Les réunions où nous devions prendre la parole étaient interrompues par des groupes organisés. On imprima même dans les journaux des accusations sans fondement sur notre vie personnelle et même sur nos enfants.

---

* Fait référence au titre d'une chanson populaire de l'époque: «The Great Pretender».

«Pour couronner le tout, et à ma grande surprise, je me retrouvai enceinte à l'âge de 43 ans. Ma grossesse fut considérée, aussi incroyable que cela puisse paraître, comme un nouveau manque à la morale conservatrice, ou du moins au bon goût. Plusieurs de mes anciennes amies me reprochèrent amèrement non pas d'avoir un enfant à 43 ans, mais d'avoir fait ce qu'il fallait pour avoir un enfant à cet âge-là!

«Cette grossesse s'avéra difficile mais elle se termina dans la joie: Michel Paul naquit en juillet 1941 et fut baptisé à la cathédrale Saint James (actuellement église Marie-Reine-du-Monde). Il nous semblait que la naissance de Michel inaugurait des temps meilleurs. Deux jours après son baptême, le premier ministre annonça à Georges sa promotion au rang de Brigadier général ainsi que sa nomination au commandement du district militaire de Québec.»

Georges Vanier reprenait le service. La famille déménagea à Québec en septembre et s'installa dans la résidence officielle du Commandant du district de Québec, rue Saint-Louis.

Il y avait du pain sur la planche. Les Canadiens-français ne voyaient pas en quoi cette guerre européenne à distance pouvait intéresser le Canada. En aucun cas ils ne se sentaient prêts à risquer leur vie pour une cause aussi lointaine. Georges s'efforça d'améliorer les conditions des Canadiens-français dans l'armée et essaya d'attirer de nouvelles recrues. Il parcourut le Québec, mettant en garde ses habitants contre le danger d'une victoire allemande et insistant sur la nécessité pour le Canada français de jouer un rôle dans la défense du pays.

Pauline était elle aussi très active. Elle sillonna toute la province, prenant la parole dans les villes et villages lointains. «Je parcourus tout le Québec jusqu'en Gaspésie. À chaque étape, j'allais prendre contact avec le curé lui demandant la permission d'organiser une rencontre à la salle paroissiale. Là, je parlais des dangers de la guerre et des conséquences d'une victoire allemande. Bien sûr, j'encourageais les épouses et les mères à participer à l'effort de guerre et à investir dans les "bons de la Victoire".

«Il était pratiquement impossible de convaincre les habitants des petits villages isolés du Bas-Saint-Laurent. Mais les Allemands commirent une grave erreur stratégique qui entraîna un changement subit d'opinion publique. Un sous-marin allemand déposa dans cette région un espion muni d'argent canadien périmé. Un hôtelier le repéra, accepta sans broncher les billets périmés et téléphona à la police. L'homme fut arrêté dans un train à destination de Montréal. Cet incident, auquel vint s'ajouter le nombre croissant de bateaux coulés par les Allemands dans le golfe du Saint-Laurent, contribua à faire changer les mentalités de beaucoup de Québécois: l'Allemagne constituait une véritable menace pour le Canada, tout autant que pour l'Europe.»

Un incident lors d'une tournée de Pauline en Gaspésie rendit la tragédie de la guerre encore plus présente. Pauline et son mari connaissaient bien un jeune pilote canadien-français, Jacques Chevrier, «jeune homme remarquable et qui était un peu comme un fils pour nous». Il avait participé à la Bataille d'Angleterre et, à l'époque, était chargé de la formation des pilotes au Canada. En passant devant la base de l'Aviation royale du Canada de Mont-Joli où Jacques était en poste, Pauline décida de l'appeler. «Nous parlâmes au téléphone et il me dit qu'il essaierait de me retrouver le lendemain à la messe du village; nous pourrions prendre le petit déjeuner ensemble.

«Le lendemain, j'arrivai tôt à l'église, mais lui n'arriva pas. Au petit déjeuner, toujours personne. Tout d'un coup, un pressentiment m'envahit. Je devais partir à 10 heures pour une conférence à Matane. En arrivant à l'hôtel, je tombai sur un pilote et lui demandai des nouvelles de Jacques Chevrier. Il me regarda et me dit qu'il avait disparu. Au fond de moi-même, je savais qu'il lui était arrivé quelque chose. Je m'arrêtai à l'église pour demander au curé de dire une messe pour lui. Le curé me raconta que, le matin même, il avait entendu un avion voler tellement bas qu'il était certain que quelque chose d'anormal était arrivé. Plus tard, à Matane, deux villageois me racontèrent qu'ils avaient vu un avion tomber à la mer à quelques kilomètres de Cap Chat. Finalement, je trouvai le commandant en second de l'escadron et lui demandai ce qui s'était passé. Il me dit que Jacques Chevrier manquait à l'appel et qu'on le croyait mort. On ne retrouva jamais l'épave de son avion et on ignore toujours s'il s'est écrasé de lui-même ou s'il a été abattu. Sa disparition demeure un mystère.

«Ce fut un coup de massue pour Georges et moi. C'était un jeune homme vraiment remarquable, un vrai Canadien-français, profondément religieux. Sa disparition dans le Saint-Laurent a quelque chose de très symbolique. Georges rédigea pour lui une très belle épitaphe qui vous donnera une idée de l'affection que nous avions pour lui:

Il était fier de porter sur son cœur les ailes qu'il avait gagnées à la Bataille d'Angleterre, ces ailes qui furent repliées une nuit, au-dessus des eaux du Saint-Laurent. Elles furent brisées, mais Dieu lui-même descendit du ciel pour les recueillir.

«C'est cette même année que Jock, qui avait à peine 13 ans, nous fit une déclaration qui eut l'effet d'une bombe. Un jour, Georges revint à la maison en annonçant qu'il avait reçu un étrange petit mot de Jock. Ce dernier désirait voir son père à son bureau pour une affaire d'extrême importance. Un rendez-vous fut pris au bureau de Georges car, bien évidemment, il s'agissait pour Jock d'une affaire à régler entre hommes. Là, Jock annonça à son père qu'il avait décidé de s'engager dans la Marine et qu'il avait l'intention d'entrer au Collège de la Marine Royale en Angleterre.

«Georges était stupéfait. Après tout, Jock n'avait que treize ans. Mais il était évident que sa décision était sérieuse: il s'était déjà procuré le formulaire d'inscription et avait seulement besoin de l'autorisation écrite de son père pour le compléter, ainsi que des lettres de recommandation et un certificat de bonne santé.

«Je m'opposai farouchement à ce projet, mais Georges, lui, était partagé. "Jock sait ce qu'est la guerre, fit-il remarquer. Il a fui avec nous la France et a connu les raids aériens à Londres. Si un enfant est bien décidé à faire quelque chose, qu'on s'oppose à son projet et que cela se révèle avoir été une chance ratée, il risque de nous le reprocher toute sa vie."

«Je dois avouer que je fus très égoïstement injuste avec Jock. Je l'emmenai prendre une marche et je tentai de lui faire changer d'avis en l'effrayant. "Imagine que tu sois blessé ou que tu tombes malade, nous risquons de ne pas pouvoir te rejoindre et encore moins t'aider." Je l'entends encore me répondre: "Mais Maman, je *dois* partir."

«C'était un drôle d'enfant à cet âge, plutôt petit de taille, terriblement maigre et décharné, mais l'Amirauté l'accepta et lui demanda de se préparer à intégrer l'École navale au printemps 1942.

«À l'approche de son départ pour l'Angleterre, j'étais rongée par les soucis. Je me revois lui préparant sa malle, lui glissant des chocolats et des sucreries dans ses bagages, mes larmes inondant tous ses vêtements. Georges l'accompagna en train jusqu'à Halifax d'où il s'embarqua. Tout seul, à treize ans, il traversa l'Atlantique pour commencer une carrière dans la marine. Cette séparation fut une des choses les plus difficiles de ma vie.

«Jock arriva à Londres sain et sauf, se présenta à l'Amirauté et fut envoyé à l'École navale à Dartmouth. Une seule petite mésaventure: sa malle contenant son uniforme tout neuf se perdit en route et les tout premiers jours à l'école, il dut porter un short gris et un blazer bleu marine alors que tous ses camarades arboraient leurs uniformes tout neufs.»

Une année s'écoula avant que les Vanier puissent revoir Jock. «L'École navale avait déménagé de Dartmouth à Eaton Hall dans le Cheshire; nous dûmes donc voyager jusque là pour le voir. Lorsque nous arrivâmes à la gare, il y avait, debout sur le quai, une grande asperge très mince. Le petit garçon d'un mètre cinquante qui nous avait quitté à 13 ans mesurait, un an plus tard, plus d'un mètre quatre-vingts!»

Une fois que Georges eut accompli sa mission de convaincre les Canadiens-français de participer à l'effort de guerre, il n'aspira plus qu'à une chose: retourner en Europe. Le 11 novembre 1942, date anniversaire de la signature de l'Armistice de la Première Guerre mondiale en 1918, il écrivit au ministère des Affaires étrangères: «J'espère qu'il n'est pas besoin de vous rappeler que l'ancien représentant auprès de la France compte bien être autorisé à poursuivre son travail commencé en 1939.» Le 30 novembre, le premier ministre accepta la nomination de Georges comme Ministre auprès des gouvernements alliés à Londres (huit parmi les pays européens occupés hormis la France) avec les pouvoirs de «consulter le Comité national français (De Gaulle et la France Libre) pour toutes les questions d'intérêt commun ayant trait à la conduite de la guerre». Cette précision était une façon discrète pour le Canada de retirer son appui au gouvernement de Vichy, sans pour autant reconnaître la France Libre comme un gouvernement en exil.

Une pneumonie empêcha Georges de prendre ses fonctions en temps voulu. Il fut hospitalisé pendant plus d'un mois, souvent avec des fièvres de 40° C. Ce n'est qu'en mars 1943 qu'il put retourner en Angleterre.

Pauline se retrouva devant un dilemme. «Je ne savais pas où mon devoir m'appelait. D'un côté, il y avait Byngsie, Bernard et Michel, bébé de 18 mois que je ne voulais pas laisser au Canada; de l'autre, Thérèse, Jock et mon mari qui étaient en Angleterre. Où était ma place?»

Par ailleurs, Pauline n'allait pas bien et son médecin lui avait recommandé une importante chirurgie tout en lui déconseillant fortement de voyager. «J'avais deviné, à juste titre d'ailleurs, que Georges suivrait De Gaulle dans la résistance et dans la libération de la France et je me demandais si je ne serais pas pour lui une charge plutôt qu'une aide.»

La mère de Pauline (Ganna, comme la surnommaient les enfants) était encore une fois prête à offrir son aide si précieuse. Malgré son âge et sa santé fragile, elle proposa de s'occuper des trois derniers, même du petit Michel qu'elle chérissait tout particulièrement.

Malgré cela, je ne savais toujours pas si je devais rejoindre Georges et les deux enfants en Angleterre ou bien rester avec les autres au Canada. J'eus donc une petite conversation avec le Seigneur: "Si c'est mon devoir de suivre Georges à Londres, s'il te plaît, donne-moi un signe." C'est alors que quelque chose de tout à fait incroyable se produisit. Lorsque je retournai voir mon médecin, il me fit passer une autre radiographie et n'en crut pas ses yeux; il n'y avait plus la moindre trace du mal qu'il avait décelé précédemment. Tout était complètement disparu. Je pris donc cela comme un signe que le Seigneur voulait que je parte; ce signe étant confirmé par la proposition de ma mère de s'occuper des enfants. Je ne sais toujours pas si j'ai bien fait, mais en temps de guerre, on fait des choses pas toujours très raisonnables. Je me préparai donc à partir pour Londres par le premier moyen de transport possible.»

Ce «premier moyen de transport» se révéla être pour Pauline Vanier toute une aventure. «Les Affaires extérieures avaient organisé mon voyage en train jusqu'à Baltimore, dans le Maryland. Trois jours plus tard, tard dans la nuit, je pris un autobus qui me conduisit à une base navale des environs. Là, je montai à bord d'un hydravion qui décolla dans la nuit la plus totale. Nous étions assis sur de simples sièges baquets recouverts de tissus; il y avait une seule couchette, occupée par un passager de marque, Lord Beaverbrook, le célèbre magnat de la presse canadienne et ministre du gouvernement britannique pendant la guerre.

«C'était la première fois que je prenais l'avion et j'étais terrifiée. À l'aube, notre appareil se posa quelque part à Terre Neuve et on nous conduisit jusqu'à des baraquements où nous passâmes la journée. À 19 heures, notre avion redécolla et lorsque l'aube se leva le lendemain matin, nous survolions l'Irlande, escortés par deux chasseurs-bombardiers Spitfire. Nous atterrîmes à Shannon, sur la côte ouest de l'Irlande. Là, des soldats irlandais plein de vitalité nous conduisirent à un pub où nous prîmes un joyeux petit déjeuner composé d'œufs et de bacon.»

L'avion repartit sans escorte jusqu'à Poole près de Bornemouth en Angleterre, où Georges Vanier, bien soulagé, accueillit sa femme. Il raconta que les bombardiers allemands venaient de survoler Poole moins d'une heure auparavant; le lourd hydravion aurait pu être une proie facile.

Georges et Pauline voyagèrent en train jusqu'à Londres et s'installèrent dans un petit appartement près de Piccadilly. «J'avais du mal à croire que j'étais de nouveau à Londres au seuil d'une nouvelle vie», soupira Pauline.

10

Londres et Alger

(1943-1944)

Georges installa la légation dans un modeste bureau près de Berkeley Street. En sa qualité de ministre canadien auprès des Forces alliées en exil, il était tenu à distance du Haut-Commissariat du Canada, mais était néanmoins en contact étroit avec ses diplomates en poste.

«La vie que nous menions était étrange. Nous avions beaucoup de liens avec les anciens politiciens des pays européens occupés. Quel éventail de pays! La plupart de ces hommes politiques paraissaient bien loin des réalités de leur pays et pourtant, avaient conscience que les forces de résistance à l'œuvre seraient bien inutiles une fois la paix revenue. Bien souvent, nous nous sentions envahis par un sentiment d'inutilité, comme mis à l'écart des véritables enjeux.»

À cette époque, les enfants Vanier commencèrent eux aussi à participer à l'effort de guerre. Thérèse avait rejoint le corps des transports mécanisés de l'armée britannique et travaillait comme secrétaire à l'école de formation des officiers de la France Libre. Elle était également le chauffeur du commandant. Plus tard, elle s'engagea dans le Service féminin de l'armée canadienne (Canadian Women's Army Corps: CWAC), surnommé de façon très peu flatteuse «les Quacks».

«Thérèse sortit major de sa promotion, à l'école des officiers de Wellington Barracks. Ceci incita Georges à dire qu'elle avait reçu une formation bien peu féminine lui permettant de neutraliser même les hommes les plus robustes.»

L'un des camarades de Thérèse, membre des Français Libres, était un beau garçon nommé Léopold et qui, de toute évidence, était très

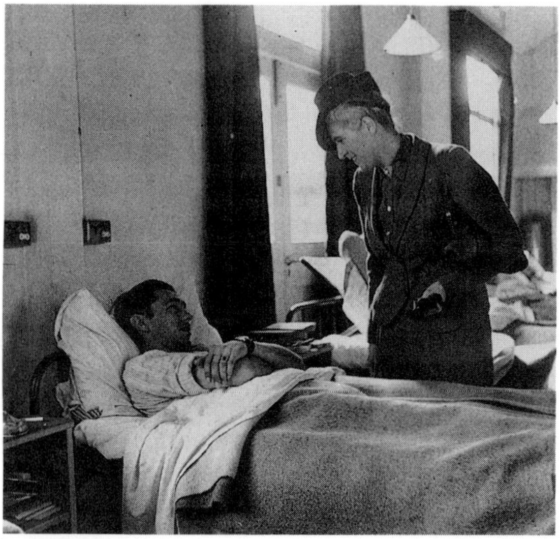

Pauline Vanier conversant avec un soldat blessé
à l'Hôpital général canadien nº 17, Pine Wood, Angleterre, 1943.
(Quartier général de l'Armée canadienne,
Service RP/MDN/Archives nationales du Canada, PA 166099)

La Villa Simian, résidence luxueuse des Vanier près d'Alger.
(Archives nationales du Canada, PA 185486)

amoureux d'elle. «Je me souviens d'un soir d'automne où il était venu dîner avec elle; au moment de partir, il me dit: “Madame, auriez-vous la gentillesse de prier pour moi au moment de Noël?” Je lui promis de le faire sans pour autant lui demander ce qu'il ferait à cette époque-là.

«Peu après Noël, j'étais seule dans l'appartement. Georges était déjà parti pour Alger, récemment passée aux mains des Américains. On sonna à la porte, j'ouvris, et devant moi se tenait une silhouette au visage noirci et en tenue de camouflage de commando tout en lambeaux. Je ne le reconnus pas et son apparence avait de quoi faire peur. Ce n'est que lorsqu'il retira son casque que je reconnus Léopold.

«Il avait du mal à marcher tant il était épuisé; il demanda s'il pouvait entrer se reposer. J'insistai pour qu'il se restaure un peu et prenne quelque chose à boire; je lui proposai de prendre un bain et de dormir un peu, juste le temps de raccommoder ses vêtements. Mais il ne s'attarda pas; je ne lui posai aucune question sur ses activités et lui n'en souffla pas mot. Un mois plus tard, son nom apparut en tête de liste des décorations décernées aux Alliés. La citation donnait peu de détails si ce n'est qu'il avait, au risque de sa propre vie, sauvé celle de son commandant.»

Le 30 décembre 1943, Georges Vanier monta à bord d'un ancien avion des Forces aériennes royales et s'envola vers Alger. Lorsque De Gaulle installa son gouvernement provisoire à Alger, Georges Vanier l'y rejoignit, voulant manifester le soutien inconditionnel du Canada au général. Pour Pauline qui restait à Londres, ce fut une période très rude. «Je traversais à cette époque une crise spirituelle qui me prenait toute mon énergie. Georges parti, je me sentais terriblement seule dans l'appartement d'Arlington House. Les bombardements continuaient de façon sporadique, et il m'arrivait d'avoir très peur. Ce furent des semaines difficiles et j'éprouvais un profond besoin de me raccrocher à ma vie spirituelle. C'est ainsi que presque tous les jours, je prenais un bus jusqu'à Ladbroke Grove pour passer du temps chez les carmélites. Jamais je n'aurais pu traverser cette période difficile de ma vie sans le soutien de ces dernières.»

Pauline commençait aussi à se fatiguer de sa vie mondaine avec les diplomates européens expatriés et elle rêvait de rejoindre son mari en Afrique du Nord. Finalement, Christopher Eberts, l'adjoint de Georges à la légation à Londres, trouva une solution.

«Les Anglais envoyaient en mission à Alger un nouvel attaché militaire et il restait une place dans le vieil avion Dakota qui devait assurer le trajet jusqu'à Alger. L'attaché militaire et moi-même prirent donc le train jusqu'à Bristol et en sortant du train, nous fûmes bouleversés de voir la ville anéantie par les bombardements. Nous prîmes ensuite un bus qui nous conduisit jusqu'à l'aéroport.

«Nous montâmes à bord d'un avion qui décolla en plein milieu de la nuit de façon ultrasecrète. Je pris place à côté d'une jeune fille et remarquai, malgré l'obscurité, qu'elle avait un chapelet à la main. Moi aussi!

«Dès que l'avion eut quitté Bristol, le pilote nous ordonna d'enfiler nos gilets de sauvetage, signe de très mauvais augure! Le Dakota était mal isolé et terriblement inconfortable. Nous étions dans l'obscurité la plus totale, la température dépassait à peine zéro et pas moyen d'engager une conversation tant le bruit était assourdissant!

«Alors qu'il faisait encore nuit, l'avion se mit à perdre de l'altitude en décrivant de grands cercles. Nous nous penchâmes aux hublots pour essayer de savoir ce qui se passait, quand tout à coup, le rocher de Gibraltar surgit, tout éclairé par ce qui semblait être une centaine de projecteurs de signalisation. Le personnel au sol avait entendu notre avion et craignait que nous nous écrasions sur le rocher!

«Nous atterrîmes sains et saufs, sur la très étroite piste d'atterrissage située à l'extrémité nord du rocher; nous trouvâmes chaleur et réconfort dans un hôtel tout proche. Au moment de remonter à bord de l'avion, ce même soir, nous apprîmes que le général Sikorski, premier ministre polonais en exil, venait juste de trouver la mort en décollant de cette même piste. Cette tragédie ne fit rien pour réchauffer l'atmosphère!

«Le vol dura toute la nuit et au lever du jour, le pilote m'invita dans la cabine de pilotage au moment où nous survolions la côte de l'Afrique du Nord. Je pris place sur le siège juste derrière lui. L'avion s'inclina sur l'aile de façon impressionnante; le pilota m'expliqua qu'il s'agissait d'un signal pour montrer qui nous étions! Le long de la côte, l'eau était claire comme du cristal et nous passâmes plusieurs convois. Ce vol fut quelque chose d'incroyable.

«En fait, ce voyage dura deux jours complets. Personne ne m'attendait à l'aéroport car en règle général, les femmes ne sont pratiquement jamais autorisées à suivre leurs maris lorsqu'ils sont envoyés en mission en temps de guerre. J'imagine également que la légation à Londres s'était bien gardée de prévenir Georges de mon arrivée au cas où je n'arriverais jamais!»

Finalement, Pauline réussit à joindre Georges. Ce dernier, enchanté de l'arrivée de son épouse, la conduisit jusqu'à leur nouvelle maison: une luxueuse résidence coloniale appelée Villa Simian. La villa avait été réquisitionnée pour Georges et son équipe à Chéragas, à quelques 25 kilomètres à l'ouest d'Alger. Pauline fut époustouflée par tant d'opulence. «La première chose qui me frappa en entrant fut de voir des dizaines de paniers remplis d'oranges et de citrons. Je n'avais pas vu un seul de ces fruits à Londres depuis le début de la guerre!» Cinq Algériens étaient à leur service et à en juger par la musique et les chants qui empêchaient Pauline de dormir une partie de la nuit, une bonne douzaine d'autres membres de leur famille devaient aussi habiter sur la propriété. «Nous étions en plein Ramadan et ils commençaient leurs festivités après le coucher du soleil. Le vacarme était effroyable!»

La mission de Georges à Alger consistait à être en lien étroit avec De Gaulle, la France Libre et les hommes politiques français en exil qui attendaient de pouvoir reprendre le contrôle d'une France enfin libérée. Quant à Pauline, le luxe de leur résidence et de leur mode de vie lui paraissait totalement déplacé au cœur d'une guerre qui réduisait l'Europe à la famine. Très fâcheuses également, les moqueries des officiers français lorsqu'elle cherchait à savoir si les Algériens étaient consultés sur la conduite de la guerre et sur l'avenir de leur pays.

«Les politiciens français passaient leur temps à médire les uns des autres et à jouer des coudes pour avoir plus de pouvoir. Ils se vantaient d'avoir eux-mêmes libéré la France et s'imaginaient déjà la gouverner. Leurs propos inconsistants étaient une trahison pour les militaires français et alliés qui eux, étaient les véritables acteurs de cette libération. De jeunes parachutistes étaient lâchés en France, en Italie, en Grèce et en Yougoslavie et risquaient leur vie pour venir en aide aux résistants. Beaucoup d'entre eux quittaient Alger pour ne plus jamais y revenir.

«Je me souviens d'un capitaine de sous-marin britannique me prenant à part pour me demander si je n'avais pas un moyen de sceller la bouche de son officier de liaison français. Ce dernier criait sur tous les toits qu'il avait réussi à obtenir de son capitaine qu'il assure une liaison régulière avec le sud de la France pour approvisionner les résistants; il donnait tout les détails sur l'emplacement à qui les lui demandait!

«L'atmosphère qui régnait à Alger à cette époque-là est difficile à décrire: un mélange d'héroïsme et de décadence qui font du film "Casablanca" un chef d'œuvre de sous-entendu.

«Je me souviens d'un jour mémorable où Diana Cooper, la femme de l'ambassadeur britannique, Duff Cooper, voulut exprimer sa sympathie aux résistants qui attendaient d'être parachutés en Europe sur les lignes ennemies. Elle organisa donc une soirée grandiose (Diana avait vraiment le sens du théâtre) et invita les jeunes femmes les plus élégantes et les plus ravissantes de la société française d'Alger. C'était la pleine lune, le champagne coulait à flot et l'ambiance était joyeuse et gaie.

«Parmi les invités se trouvaient une vingtaine de jeunes volontaires yougoslaves, qui devaient être lâchés en parachute la nuit suivante. Ces dames très chic ne manifestèrent pas le moindre intérêt à l'égard des jeunes Yougoslaves un peu frustes. Ces derniers firent peu de cas de ce manque d'égard et proposèrent d'animer eux-mêmes la soirée. Ils chantèrent en chœur de très beaux et très émouvants chants patriotiques. Leur voix étaient belles, amples et profondes avec des résonances slaves. Peu importaient les paroles; il s'agissait sans aucun doute de chants de vie et de mort, d'exil, de souffrance et de victoire avec l'aide de Dieu. Ils chantèrent avec force et passion et leur prestation me bouleversa.

«Tout d'un coup, les dames de la bonne société, fatiguées d'écouter, se mirent à bavarder de façon bruyante et même délibérément tapageuse. Le message était clair: vous pouvez, si cela vous chante, aller mourir pour défendre la liberté de notre pays, mais nous n'avons que faire de vos rêves et de vos espoirs!

«Mon sang ne fit qu'un tour. Je me levai et m'écriai: "Assez! Un peu de respect, s'il vous plaît." Je m'apprêtais à continuer, mais je m'aperçus qu'un silence choqué s'était abattu sur le groupe. J'allais créer un scandale si je continuais. Je sortis, suivie d'une dizaine de personnes, mais avant même d'avoir passé la porte, le vacarme et les bavardages avaient repris de plus belle.»

Le séjour de Pauline et de Georges à Alger et en Afrique du Nord dura presque six mois. Malgré la décadence, ce fut une période très stimulante et grisante. Les Vanier eurent l'occasion d'accueillir des invités de marque. Charles de Gaulle et son épouse dînèrent avec eux à plusieurs reprises («Ils venaient chez nous ou bien nous allions chez eux»). Glubb Pasha, le général britannique qui était à la tête de la légion arabe, leur rendit visite («Il se fit passer pour Monsieur Smith et ce n'est qu'après son départ que nous apprîmes son identité!»). Ils reçurent également la visite de Harold MacMillan, futur premier ministre britannique, et celle de l'Abbé Pierre. Un nombre incalculable de membres de la Résistance trouvèrent auprès des Vanier soutien et encouragement ainsi qu'un lieu de repos. Élisabeth de Miribel, héroïne de la résistance et vieille amie de la famille Vanier, fit de nombreux séjours chez eux et surnomma leur demeure «la maison de la résistance».

L'une des visites les plus marquantes fut celle du cousin de Pauline, Philippe de Hautecloque qui, sous le pseudonyme de Leclerc, avait réussi à soustraire du contrôle de Vichy le vaste empire colonial d'Afrique équatoriale et de l'Ouest grâce à la collaboration d'une poignée de combattants de la France Libre. Sa division participa à la libération de la France avec les Forces alliées et c'est lui qui reçut la capitulation de la garnison allemande à Paris le 26 août.

Pauline accueillit également des dizaines de jeunes Canadiens cantonnés dans un centre de formation au parachutisme. Ces derniers trouvèrent chez les Vanier un second foyer, en attendant d'être envoyés en mission dans les pays occupés. «J'écrivais à chacune de leur famille pour leur donner des nouvelles et annoncer les départs en mission de leur fils. Je leur demandais de ne pas s'inquiéter s'ils ne recevaient pas de nouvelles pendant plusieurs semaines. Je fis cette démarche pour chaque jeune Canadien. Certains continuèrent de m'écrire des années après. D'autres, par contre, ne donnèrent plus jamais signe de vie et il m'arrivait, la nuit, de penser à eux en me demandant s'ils avaient survécu à leur mission.»

Pauline évoque souvent cette période de sa vie. Jamais elle n'avait eu le sentiment de vivre aussi pleinement sa vie spirituelle. Jamais, non plus, elle ne s'était sentie aussi proche de Dieu que lorsqu'elle consolait et encourageait ces jeunes et les portait dans la prière.

«Personne ne peut imaginer l'atmosphère à Alger à cette époque-là. Jamais ma vie ne fut aussi intense qu'à ce moment-là.»

En juin 1944, les débarquements alliés en Normandie commencèrent et Georges demanda avec insistance à Ottawa d'être rapatrié à Londres, afin d'être parmi les premières forces alliées à entrer dans Paris libéré. Mais Paris ne fut libéré que le 26 août par la division Leclerc et ce n'est qu'en septembre de cette même année qu'Ottawa autorisa Georges à quitter Alger. On lui proposa de regagner Londres par bateau, voyage risqué qui pouvait durer trois semaines. Fort heureusement, l'ambassadeur Cooper trouva pour Georges et Pauline une place d'avion dans un bombardier britannique qui les déposa à Londres le 4 septembre. Malgré les rumeurs selon lesquelles Paris était encore à la merci de tireurs d'élite collaborateurs, Georges était bien décidé à être le premier ambassadeur auprès du gouvernement français à rejoindre la capitale. Quant à Pauline, elle était bien décidée à suivre son mari. Après tout, n'avait-elle pas fait un pari avec sa fille Thérèse à qui rejoindrait la première la Ville lumière?

II

De retour en France après la libération

(1944-1953)

À Londres, Georges Vanier attendait avec impatience l'occasion de pouvoir rejoindre la France. Pauline apprit que le commandement allié avait décrété que Paris n'était pas un lieu sûr pour les épouses de diplomates: la nourriture y était rationnée et les francs-tireurs sévissaient encore dans la capitale. Le seul moyen pour Pauline d'obtenir l'autorisation de s'y rendre était d'occuper un poste officiel, de préférence avec un uniforme. Elle s'adressa donc au Service féminin de l'armée canadienne où on lui répondit que ce subterfuge serait une faute militaire grave.

Sans se décourager, elle décida de s'engager comme déléguée de la Croix-Rouge canadienne. La Croix-Rouge y consentit, mais trouver un uniforme ne fut pas chose facile. Il n'y avait en Angleterre qu'une seule personne de la Croix-Rouge canadienne dont l'uniforme aurait pu convenir à la taille imposante de Pauline. Malheureusement, cette personne était en congé, et l'urgence ne laissait pas la possibilité d'en confectionner un neuf. Pauline trouva la solution: elle «emprunta» l'uniforme de l'absente et lui en fit refaire un neuf pour son retour.

«Dire qu'il m'allait comme un gant serait exagéré. J'arrivais difficilement à enfiler la jupe, les manches me couvraient à peine les coudes

Déposant une couronne sur la tombe du soldat inconnu
au cimetière canadien, Dieppe, France, 1944.
(Frank Duberville/MDN/Archives publiques du Canada, PA 141882)

Les Vanier accueillant le premier ministre Mackenzie King
à la Conférence de Paix de Paris, 1946.
(Agence Photographique Keystone/Archives nationales du Canada, PA 16472)

et la veste était trop courte. Personne n'était disponible pour me faire les retouches nécessaires. Je fis donc de mon mieux pour les faire moi-même. Le chapeau flottait sur ma tête et me donnait un drôle d'air. Mon Dieu, de quoi avais-je l'air! Cela me permit, en tout cas, de monter à bord de l'avion avec Georges.»

Ils arrivèrent à Paris douze jours après la Libération. Georges Vanier venait d'être nommé ambassadeur du Canada et, à sa plus grande joie, il fut le premier diplomate étranger à entrer dans Paris libéré. Pour fêter leur arrivée sains et saufs à Paris, Georges avait réservé des chambres dans son hôtel favori, le Ritz, et avait invité tout l'équipage à un déjeuner au champagne.

Les Vanier, ce soir-là, dînaient à l'hôtel. Ils commandèrent le menu mais annoncèrent qu'ils renonceraient à l'alcool. Le garçon disparut et au bout d'une heure, il n'était toujours pas revenu. À la question des Vanier sur la raison de cette attente, le garçon répondit dédaigneusement que quiconque ne commandait pas de vin ne pouvait pas être servi. Apparemment, même les jeunes officiers allemands pendant l'occupation commandaient du vin lors de leurs dîners au Ritz, et «les Canadiens ne pouvaient pas faire moins». Le lendemain matin, les Vanier changèrent d'hôtel.

Alors qu'ils étaient installés dans leur nouvel hôtel, on frappa à la porte et une mince silhouette en uniforme de combat, longues bottes en caoutchouc et casque en métal, se présenta. «Ma première réaction fut: "Quelle étrange apparition!" Une fois son casque retiré, je réalisai que c'était Thérèse. Elle venait d'arriver en Jeep. Elle avait raté son pari d'être la première Vanier à Paris, mais de très peu.»

Georges se consacra corps et âme à sa nouvelle mission: encourager et soutenir la France libérée dans ses efforts pour se doter d'un gouvernement démocratique. Sans perdre de temps, Pauline remplit son rôle de déléguée de la Croix-Rouge canadienne. Elle mit rapidement sur pied deux clubs pour les militaires canadiens et recruta des hôtesses bénévoles pour s'occuper d'eux, organiser des soirées dansantes ainsi que des sorties culturelles et théâtrales.

«En novembre, nous accueillions plus de 400 personnes par jour. Lorsque nous étions à court de bonnes volontés, j'aidais à la cuisine. Les épouses des nouveaux ambassadeurs arrivant à Paris étaient sidérées de voir cette femme servir la soupe, en uniforme mal taillé et avec ce chapeau trop large. Quelqu'un me fit remarquer ultérieurement que normalement, la Croix-Rouge canadienne n'avait pas le droit de m'engager comme leur déléguée en France. Il est probable qu'en tant que femme d'ambassadeur je n'aurais pas dû faire ce que je faisais, mais il était pour moi impensable d'être en France à cette époque-là sans me rendre utile.»

Les six premiers mois de leur séjour à Paris, les Vanier vécurent dans un appartement-hôtel qui avait été occupé par les Allemands. Tout y était sale et vétuste. «Nous étions entourés de cartons et de poussière. Lorsque la guerre prit fin en Europe en mai, nous nous mîmes à la recherche d'un appartement un peu plus décent et mieux adapté aux exigences de la vie diplomatique.

«Le premier endroit qu'on nous fit visiter était un hôtel particulier situé sur l'élégant boulevard Haussmann. Un agent immobilier nous accompagnait et un homme mince tout de noir vêtu et à l'air macabre nous fit entrer. Des par-dessus d'officiers allemands étaient accrochés dans l'entrée; dans la salle à manger gisaient des bouteilles de champagne à moitié vides, des verres renversés et des restes de nourriture en état de décomposition. Visiblement, les occupants précédents avaient dû partir en toute hâte. Nous renonçâmes rapidement à cette maison.

«On nous proposa également un appartement extraordinaire situé Rive Gauche, meublé dans le style des années 20: meubles laqués, tapis mauves, petites tables cubiques qui ressemblaient à des cercueils pour bébés et couvre-pieds en plumes d'autruche un peu partout. Il y avait également un placard plein de robes, de chapeaux et de manteaux de vison. Nous apprîmes que l'appartement avait appartenu à une Française qui avait été la maîtresse d'un officier de la Gestapo. Ils avaient été pris tous les deux sur le fait, et étaient maintenant en prison. À celui-là aussi nous renonçâmes.»

Finalement les Vanier trouvèrent un appartement au coin de la place Vendôme et de la rue Castiglione. Ils s'y installèrent et Pauline reprit ses activités à la Croix-Rouge. «Des réfugiés de tous les pays, plus particulièrement de Pologne, affluaient à Paris. Ils étaient souvent très isolés et terriblement démunis. Nous parvînmes à leur procurer tout un stock de vêtements. Beaucoup d'entre eux se retrouvaient sans domicile après l'annexion par les Russes de la moitié est de la Pologne.»

Encouragée par le succès de l'opération en faveur des réfugiés polonais, Pauline réussit à obtenir de la Croix-Rouge des convois plus importants destinés à tous ceux qui étaient dans le besoin; parmi eux, des centaines de Français démunis et qui, à cause de la lourdeur de l'administration française, ne pouvaient bénéficier de l'aide sociale. «Les secours affluaient de partout et nous avons réussi à distribuer l'équivalent d'un million de dollars en nourriture, vêtements et produits de première nécessité (dont 5000 layettes).

«Lorsque j'appris qu'il n'y avait plus de lait à Paris, j'envoyai un message à Londres et en une semaine, deux Dakotas livraient plusieurs tonnes de lait en poudre, de beurre et de confiture. Imaginez ma joie lorsque je pus distribuer tout cela! C'était tellement extraordinaire pour moi que pouvoir donner. Je ne sais pas très bien recevoir, mais j'ai toujours su donner.»

Ces opérations de distribution prenaient de plus en plus d'ampleur, et les locaux de la légation devenaient tout à fait insuffisants. C'est alors que la Banque royale du Canada proposa de mettre à la disposition de Pauline des locaux et le personnel qui manquaient si cruellement. «Mon bras droit et secrétaire était Christine Boulache que j'avais pratiquement sauvée de la misère et dont l'histoire est typique de cette époque. Elle avait rejoint la Résistance en 1943 et, pour éviter de mettre sa famille en danger, elle avait quitté son village pour aller travailler loin de là. Malheureusement, tous ses efforts pour épargner sa famille furent vains. Les Allemands ne réussirent pas à l'arrêter mais se procurèrent l'adresse de sa famille et arrêtèrent ses vieux parents et ses deux frères, détruisirent leur maison et déportèrent la famille en Allemagne où il périrent tous dans des camps de concentration. À la fin de la guerre, Christine se retrouva sans un sou et ne put rien obtenir du gouvernement car son histoire ne pouvait pas être vérifiée.»

Au seuil de la nouvelle année (1945), les Forces alliées pénétrèrent en Allemagne et, dans leur sillage, beaucoup de camps de concentration furent libérés. Les Forces alliées étaient incapables de faire face au flot de réfugiés et la plupart du temps, les anciens détenus recevaient un simple billet de train à destination de Paris. Pour le reste, ils devaient se débrouiller. Ayant eu vent de cette pratique, Pauline réussit à convaincre d'autres organisations de mettre sur pied avec elle un service d'accueil à la gare.

«Nous accueillions les réfugiés avec des boissons, des vêtements et quelques produits de première nécessité. Nous essayions de joindre leur famille, leurs amis ou toute personne susceptible de les héberger. Beaucoup ignoraient si leur famille vivait encore. À ceux-là, nous trouvions un abri et collions leur photo et adresse sur des panneaux à cet effet dans la gare, dans l'espoir que quelqu'un reconnaisse le nom ou la photo d'un lointain parent ou ami.

«Il est évident que ce dont avaient le plus besoin les réfugiés était une prise en charge psychiatrique et un soutien moral. Nous prenions du temps avec chaque nouvel arrivant, l'encourageant à parler de son expérience et lui manifestant notre compréhension à l'égard de ce qu'il avait vécu.

«Beaucoup d'entre eux étaient trop blessés psychologiquement pour raconter leur expérience. Je me souviens de l'un d'eux, un véritable mort-vivant; une heure durant, j'essayai de le faire sortir de son mutisme, sans succès. Résignée, je lui dis: "Peu importe ce que vous avez vécu, vous voilà enfin chez vous, une nouvelle vie peut commencer." À mon grand étonnement, il sortit de son mutisme et déclara: "Vous croyez?" et il remonta sa manche pour me montrer l'étoile de David brûlée dans sa chair. "Auschwitz", ajouta-t-il. Je l'encourageai à m'en dire plus. Il me raconta que sa famille et lui-même avaient été trahis par leurs voisins à Paris en échange d'une pièce de cinq francs de la Gestapo. On l'avait envoyé à Auschwitz où ses parents, sa femme et ses enfants avaient été envoyés devant ses yeux dans les chambres à gaz. "Chez moi? Où est-ce?" demanda-t-il.

«Je l'encourageai à accepter une aide psychiatrique, mais il refusa. Je m'efforçai de rester en lien avec lui et avec d'autres, mais bien souvent l'histoire de leur vie se terminait tragiquement: ils se suicidaient ou mouraient des carences dont ils avaient souffert.»

Les Juifs sont certainement ceux qui ont le plus souffert en France pendant la guerre. L'une des associées de Pauline, une catholique, était tombée au début de l'occupation sur une rafle de Juifs par la Gestapo. Les Allemands avaient entassé une centaine de Juifs adultes dans un wagon à bestiaux à destination d'un camp en Allemagne. Pour démoraliser les captifs, ils les avaient séparés de leurs enfants.

«Cette femme, fort courageuse, réussit à regrouper 25 des enfants de ces Juifs. Elle les conduisit chez elle, à Paris, où ils se cachèrent pour la nuit. Bien consciente du danger qu'ils encourraient en restant à Paris, elle réussit à leur faire passer la ligne de démarcation et rejoindre la France non occupée. Puis, de nuit, elle les cacha chez des amis. Elle fit tout son possible pour garder leur présence secrète, mais elle devait aller tous les jours au village pour se ravitailler. Un jour, en revenant du village, elle découvrit que la maison avait été incendiée avec les enfants verrouillés à l'intérieur. Elle les retrouva tous morts, leurs corps calcinés et méconnaissables. Quelques Pétainistes du village avaient apparemment décidé de faire encore mieux que leurs amis allemands quant au sort infligé aux Juifs.»

Les enfants étaient souvent les plus grandes victimes de la guerre. Même après la libération, des bandes d'enfants erraient dans les rues de Paris, se nourrissant d'ordures ménagères et vivant de menus larcins. Sensible à ce phénomène, Pauline aida un prêtre à créer un foyer d'enfants à la campagne qui pouvait accueillir une cinquantaine d'entre eux. Elle réussit également à convaincre l'entreprise canadienne Massey-Harris de leur faire don d'un tracteur pour aider l'institution à mettre en place une ferme et leur permettre ainsi de subvenir à leurs besoins.

Pauline apporta également son soutien à l'Abbé Pierre dont la mission était de trouver des refuges et des ateliers pour les sans-abri de Paris. Beaucoup de ces sans-abri mouraient de froid lors des rigoureux hivers de l'après-guerre. Les privations dues à la guerre avaient souvent miné leur énergie physique et morale, les rendant incapables de garder un travail. Pour eux, et pour des centaines d'autres qui vivaient sur des péniches abandonnées sur la Seine, Pauline se rendit à Toronto pour recevoir de l'entreprise T. Eaton des milliers de dollars en vivres et en équipement.

Pauline réussit également à intervenir auprès des autorités militaires pour obtenir des renseignements sur des personnes qui avaient été emprisonnées dans les camps de concentration allemands. Elle eut aussi l'occasion de rencontrer des dizaines de survivants de ces camps à leur arrivée à Paris. «Pendant plusieurs semaines, nous ne fîmes rien d'autre que de rencontrer d'anciens déportés. Nous organisâmes même une soirée pour eux avec Élisabeth de Miribel. Nous avions invité une jeune nièce du général de Gaulle qui elle-même revenait du camp de Ravensbruck, une jeune fille de 19 ans qui avait elle aussi été déportée ainsi que cinq ou six résistants exceptionnels, de retour des camps. Nous étions captivés par ces résistants qui avaient traversé des épreuves aussi terrifiantes. Vous pouvez imaginer la plénitude et la richesse de notre vie à cette époque.»

La libération de la France favorisa les règlements de comptes et l'arbitrage de certaines injustices. Les plus revanchards étaient bien souvent les résistants de la dernière heure, ceux de 1945. Pour couvrir leur propre collaboration avec l'ennemi, ils étaient prêts à accuser de trahison ceux qui risquaient de les dénoncer.

Bon nombre de Français tentèrent d'échapper au jugement en s'enfuyant au Canada, pays réputé ouvert aux réfugiés fuyant la persécution. Lorsque ces candidats à l'émigration arrivaient à l'ambassade canadienne, c'est à Pauline qu'ils s'adressaient.

«Des dizaines de personnes eurent recours à moi, peut-être à cause de ma réputation de discrétion et de compassion ou tout simplement parce que j'étais une femme, épouse et mère. Quoi qu'il en soit, ils s'adressaient plus facilement à moi qu'au personnel de l'ambassade. Le plus difficile pour moi était de distinguer ceux qui étaient réellement innocents et fuyaient une persécution injuste de ceux qui avaient réellement commis des crimes de guerre et essayaient d'échapper à leur "juste récompense".

«Ce que ces postulants ignoraient, c'était la présence à mes côtés d'un très précieux conseiller, Pierre-Henri Teitgen. Il avait été un temps ministre de la Justice puis fut saisi et torturé par la Gestapo. Il réussit à s'évader et devint un résistant exceptionnel. Il était également un de nos meilleurs amis. Je lui transmettais les noms des candidats pour lesquels j'avais quelques doutes, et il m'apportait son éclairage quant à la légitimité de leur demande. Pour tout ceux dont la conduite était irréprochable, l'ambassade accélérait les démarches. À ceux qui n'étaient pas complètement innocents, j'assurais que s'ils désiraient rester en France les accusations portées contre eux pouvaient facilement être réfutées et ne constituaient pas une menace pour eux.

«Par contre, certains tentaient réellement d'échapper au sort que leur réservait, à juste titre, la justice. Sur le conseil de Teitgen, je leur disais: “Livrez-vous et il y a toutes les chances que vous ne fassiez pas plus de trois mois de prison.” À d'autres dont les fautes étaient plus sérieuses, je conseillais de se cacher.

«J'aimerais pouvoir dire que jamais nous n'avons commis d'erreur. Une fois, ce fut hélas le cas: un homme du nom de Bernonville nous envoya son épouse. Cette dernière prétendit que son mari n'avait pas commis les crimes dont on l'accusait. Teitgen, après avoir pris connaissance des documents relatifs à cette affaire, confirma son innocence. L'ambassade le laissa donc partir.

«Quelques temps plus tard, nous eûmes la preuve de son implication dans la trahison et la mort de nombreux résistants. Une procédure de recherche et de rapatriement fut lancée au Canada, mais grâce à des amis qui eux aussi l'avaient cru innocent, il avait réussi à s'échapper en Amérique du Sud où justice fut faite: on apprit sa mort peu de temps après son arrivée.»

Tous les réfugiés ne révélaient pas leur identité. Pauline se souvient d'un cas étonnant. «Lorsque la petite ville de Vittel fut libérée vers la fin de la guerre, les autorités militaires informèrent l'ambassade de la présence de deux jeunes filles qui avaient été emprisonnées et qui prétendaient être canadiennes. Bien évidemment, elles n'avaient aucun papier d'identité.

«Je me rendis à Vittel pour trouver deux jeunes filles, squelettiques et décharnées. Elles faisaient leurs études en France quand les Allemands étaient arrivés. Elles avaient été arrêtées par les Allemands et étaient restées en prison pendant toute la guerre. Elles n'avaient rien mangé les deux dernières semaines de leur captivité.

«Très rapidement, je pus confirmer qu'elles étaient effectivement canadiennes. On envoya des télégrammes à leurs familles au Canada le soir même. Elles me signalèrent la présence dans cette même prison d'un autre Canadien dont les autorités françaises n'avaient pas fait état. Il était originaire de Montréal et était détenu dans la cellule voisine de la leur. Je demandai l'autorisation de lui parler. Les autorités militaires m'y autorisèrent, me disant que si j'étais sûre de son identité, il serait libéré.

«Cet homme parlait parfaitement l'anglais, ainsi qu'un assez bon français du Québec. Mais le côté évasif de ses réponses, et le fait qu'il semblait avoir été très bien nourri, éveillèrent en moi quelques soupçons. Nous vérifiâmes la véracité de ses informations auprès de ses prétendus parents au Canada, mais ceux-ci nièrent l'existence de ce fils. Il avait effectivement été au Canada en tant qu'étudiant, mais il était allemand. Il avait déserté l'armée allemande et s'était fait mettre en prison, prétendant être citoyen canadien, à l'approche des forces alliées.

«Il aurait gagné ma sympathie s'il avait déserté l'armée pour des raisons d'ordre moral; mais il s'avéra qu'il avait commis des atrocités pendant la guerre et était tout simplement un opportuniste désirant protéger sa personne alors que le vent commençait à tourner et que la défaite allemande devenait imminente.»

Georges Vanier, lorsqu'il n'était pas totalement accaparé par les douleurs de la reconstruction de la France, se rendait avec ses compatriotes de l'armée sur les lignes de front, pour visiter les troupes canadiennes. Pauline l'accompagnait souvent et se rendait dans les hôpitaux militaires où elle passait du temps avec les blessés. Elle raconte leur incroyable visite dans la ville belge d'Anvers libérée depuis peu:

«On nous avait prévenus que des explosions d'origine inconnue éclataient un peu partout dans la ville, mais ce danger ne suffit pas à nous dissuader et nous décidâmes de nous y rendre malgré tout. Notre voiture venait de s'arrêter devant un hôpital de fortune installé dans une maison, lorsqu'une énorme explosion à quelques centaines de mètres de nous fit voler en éclats toutes les vitres. Le sol trembla, la voiture trembla, je tremblai. L'infirmière en chef nous supplia de partir avant qu'une autre explosion n'ait lieu. Elle affirma que personne ne pouvait expliquer l'origine de ces explosions et que ces bombes explosaient sans qu'on puisse détecter les signes avant-coureurs habituels.

«Alors que nous insistions pour poursuivre notre visite, une autre explosion plus proche de l'hôpital ébranla l'immeuble de la cave au grenier. Nous étions horrifiés. Déjà, les premiers secours arrivaient à l'hôpital, portant des brancards chargés chacun de deux ou trois civils blessés et mutilés. C'est alors que Pauline et ses collègues apprirent ce qui se passait. Les Allemands venaient de mettre au point la très puissante bombe-fusée V-2, dont la vitesse dépassait celle du son et qui explosait sans avertissement. Conçue à l'origine pour attaquer l'Angleterre, cette bombe était destinée à la ville d'Anvers récemment libérée. Il s'agissait en fait d'un acte de vengeance.

«Notre visite à l'hôpital se termina sans autre incident majeur, mais en quittant la ville, nous fûmes blessés dans un accident de voiture. Georges subit une coupure très profonde et perdit une grande quantité de sang. Quant à moi, j'eus deux côtes cassées et fus très secouée par le choc. J'arrivais à peine à respirer. J'étais très jalouse de Georges à qui on fit une transfusion et qui reçut toutes les marques de sympathie, alors qu'on se contenta de me dire que j'avais bien de la chance de m'en sortir avec si peu!»

Pauline effectua également d'autres missions du même genre sans son mari. Elle se rendit à Royan, port maritime situé près de Bordeaux où les troupes allemandes avaient décidé de résister. «Les troupes françaises avaient réclamé de l'aide à la Croix-Rouge canadienne; c'est ainsi que je me rendis à Royan avec une jeune fille de la Croix-Rouge française. En arrivant dans la région, je sentis qu'il se passait quelque chose d'étrange. On me conduisit dans divers hôpitaux et pensions et je déjeunai avec des soldats. Leur commandant me présenta comme étant la femme de l'ambassadeur canadien. À ma grande surprise, ils me tournèrent le dos et manifestèrent en chuchotant leur désapprobation. N'étant pas du genre à me faire rabrouer sans en connaître la raison, je quittai la table du commandant pour aller à une autre où se trouvaient les plus militants. Après avoir échangé quelques banalités, je leur demandai à brûle-pourpoint pourquoi ma présence les dérangeait. "Vous n'êtes pas des nôtres", lança sans ménagement leur porte-parole. Je leur fis remarquer que Georges était militaire tout comme eux et qu'il avait perdu une jambe pendant la Première Guerre mondiale en se battant pour la liberté de la France.

«"Mais vous n'êtes pas des nôtres, nous les travailleurs, et quand la guerre sera terminée, vous vous retournerez contre nous, ajouta leur porte-parole. Nous, les travailleurs, nous nous battons pour vous et quand nous aurons gagné la guerre, vous continuerez à nous opprimer comme auparavant." Tout d'un coup, je compris: ces hommes avaient été gagnés par la propagande communiste, comme beaucoup de résistants d'ailleurs, à qui l'on avait inculqué que tous ceux qui n'étaient pas avec eux étaient contre eux.»

Pauline discuta une heure avec eux et finalement ils se quittèrent en bons termes. Mais la foi aveugle de ces soldats était un signe inquiétant de l'influence néfaste qu'allait exercer le parti communiste français dans les années suivantes.

«Nous avions prévu de passer la nuit à Royan, mais on nous ordonna de partir. J'étais déprimée, car il me semblait que je n'avais pas réussi à convaincre ces hommes que nous étions de leur côté. Mais je réalisai que c'était le souci de nous protéger qui expliquait leur insistance à nous voir partir au plus vite. Le lendemain matin, à l'aube, ils firent une dernière attaque sur la ville. Leur camp, où nous avions séjourné, fut mitraillé et plusieurs d'entre eux trouvèrent la mort. À la tombée de la nuit, Royan était libéré.»

À l'encontre de Royan, des villes comme Caen réservèrent un accueil extraordinaire à Pauline. Cette ville avait été dévastée non pas par les Allemands mais par les bombardements et attaques de l'artillerie canadienne. Les habitants qui avaient survécu à ces attaques hissaient des drapeaux canadiens sur les ruines de leurs immeubles en signe de reconnaissance pour leurs libérateurs.

«Nous arrivâmes en pleine nuit, mais le lendemain matin, nous fûmes impressionnés par l'ampleur des dégâts. Tout n'était que décombres et l'odeur de cadavre était si forte que nous dûmes coller nos mouchoirs sur le nez. La préfecture était à moitié détruite mais miraculeusement, les seules constructions épargnées furent deux merveilleuses églises. Dans l'après-midi, on nous conduisit dans la partie de la ville la plus détruite. Des foules de gens sortaient des caves où ils vivaient les uns sur les autres et nous acclamaient avec des: "Vive le Canada! Vive nos libérateurs!" C'était très émouvant. Ils nous répétaient: "Nous savons que vous n'aviez pas d'autre choix que de bombarder notre ville car les Allemands en avait fait leur bastion. Nous n'oublierons jamais que vous avez donné vos vies pour nous rendre la liberté." Cet accueil, nous le reçûmes à Grenoble, à Lyon; partout, les gens débordaient de reconnaissance à l'égard du Canada.»

L'atmosphère d'exultation, d'ébullition et de récrimination qui suivit la libération dura environ un an. En 1947, Pauline remarqua:

«Aujourd'hui, je peux enfin abandonner mon uniforme de la Croix-Rouge et vivre la vie qui sied à la femme d'un ambassadeur.» De Gaulle s'était retiré du pouvoir et ses admirateurs d'antan avaient retourné leur veste ou disparu dans l'ombre. À l'ambassade, Georges était débordé de travail et manquait de personnel. «Chaque jour, je mis donc la main à la pâte; sans l'ombre d'une rémunération, cela va sans dire!» Pauline put s'octroyer un petit bureau à l'ambassade qu'elle transforma en bureau d'accueil improvisé pour les étudiants canadiens de Paris qui venaient la voir en grand nombre. «Je ne faisais pas grand-chose pour eux, si ce n'est de leur prodiguer quelques bons conseils que seuls les vieux peuvent donner aux jeunes!»

Très vite, les Vanier furent plongés dans la vie trépidante du monde diplomatique. «Nous recevions beaucoup et entretenions de bonnes relations avec bon nombre de personnalités du monde politique, intellectuel, artistique et économique de l'époque. Le nonce apostolique, de par sa fonction, était le doyen officiel du corps diplomatique, mais Georges avait été ambassadeur plus longtemps que quiconque et de ce fait, beaucoup le considéraient comme doyen. Quoiqu'il en soit, j'étais la "doyenne", avec toutes les exigences que cela entraînait.

«Chaque jeudi était sacré: je me retirais pour la journée dans ma "petite oasis" chez les carmélites où je rechargeais mes batteries spirituelles. Comment aurais-je pu vivre sans ces sœurs si délicates et détachées de ce monde?»

C'est également en 1947 que les Vanier reçurent la visite de Philippe Leclerc. «Il nous annonça qu'il partait très prochainement pour le Maroc et il venait nous dire au revoir. Je me souviens qu'il mit son bras sur mon épaule et nous dit, à Georges et à moi: "S'il m'arrive quelque chose, je vous confie ma femme Thérèse et mes enfants." Je lui répondis: "Comment peux-tu dire une chose pareille, Philippe, alors que tu as déjà surmonté tant d'épreuves?" Il éclata de rire et ajouta: "Eh bien, on ne sait jamais..." Puis il monta dire bonsoir à Michel et s'en alla.

«Le lendemain matin, Georges et moi nous rendîmes à la messe; la femme de Philippe, Thérèse, était là. Elle répéta plusieurs fois: "Je ne sais pas pourquoi, mais je suis très inquiète." Nous l'invitâmes à la maison pour un repas et elle nous quitta vers 20 heures. À 23 heures, René Pleven, membre du Cabinet français et futur premier ministre, nous téléphona pour annoncer une nouvelle terrifiante: Philippe Leclerc venait de trouver la mort dans un accident d'avion au Sahara.

«Pleven vint me chercher pour aller avec lui annoncer la nouvelle à Thérèse. Ses deux plus jeunes enfants étaient avec elle et je me souviens de la première chose qu'elle fit. Elle s'agenouilla et dit: "Mes enfants, la seule chose que nous pouvons faire est de remercier Dieu de nous avoir donné un père aussi extraordinaire." Puis elle demanda à Monsieur Pleven et à moi-même de l'emmener afin qu'elle annonce la nouvelle aux épouses des onze autres militaires qui avaient été tués.

«C'était une période très tendue à Paris. Il y avait une grève générale et beaucoup doutaient du bien-fondé d'organiser des funérailles nationales. Mais Georges fut de ceux qui y étaient favorables. Ils allèrent donc de l'avant.

«La veille des obsèques, le corps de Philippe fut rapatrié à Paris, un peu à la manière dont sa division était entrée dans Paris libéré. Il y avait beaucoup de brouillard cette nuit-là et les cloches sonnaient le glas. Son épouse, Thérèse, ses enfants et nous-mêmes attendions l'arrivée de son corps dans la cour des Invalides.

«Le lendemain furent célébrées ses funérailles dans la cathédrale Notre-Dame de Paris. Des centaines d'admirateurs étaient là, et on aurait pu entendre une mouche voler pendant la cérémonie. Jamais on aurait pu imaginer qu'il y avait une grève générale! Puis le convoi funèbre traversa Paris avec Thérèse et les enfants marchant derrière jusqu'aux Invalides où son corps repose. Sa mort fut vraiment une très grande tragédie.»

En 1953, après avoir partagé pendant presque dix ans la renaissance tumultueuse de la France, les Vanier durent quitter Paris. «Georges avait alors 65 ans mais ne désirait pas prendre sa retraite, convaincu que Dieu lui donnerait la force de continuer à servir son pays. On lui proposa un poste d'ambassadeur en Espagne ou en Suisse, mais après le travail passionnant et les responsabilités qu'il avait eus en France, Georges considéra ces deux propositions peu attrayantes et craignit que son acceptation soit considérée comme une répudiation de tout le travail effectué à Paris, en particulier de son soutien inconditionnel à De Gaulle.»

Georges était très tenté par un poste à Londres, affectation aussi prestigieuse que ne l'était Paris. En outre, ce poste aurait été une confirmation et une reconnaissance de sa capacité de représenter le Canada et tous les Canadiens dans leurs deux mères patries, la France et l'Angleterre. Mais le nouveau premier ministre canadien, Louis St-Laurent, pensait qu'avec un Canadien-français à la tête du gouvernement à Ottawa, à une époque de réveil du sentiment nationaliste québécois, il aurait été malvenu de nommer un autre Canadien-français à Londres. Cela risquait de provoquer bien des remous et d'être un signe mal interprété par les Anglais quant aux intentions canadiennes. Georges dut se rendre à l'évidence et la perspective de la retraite devint imminente.

«Au moins, nous nous retirâmes en grande pompe! Nous organisâmes un grand dîner d'adieu à l'ambassade pour 68 personnes. Il étaient tous d'anciens membres de la Résistance ou des partisans de De Gaulle. Tous acceptèrent de venir, même si plusieurs étaient brouillés entre eux. Je n'ai jamais vu une soirée aussi émouvante. De vieux soldats étaient en larmes à l'idée de retrouver leurs camarades, des politiciens qui étaient à couteaux tirés embrassaient leurs anciens compagnons d'armes. Le temps d'une soirée, nous pûmes revivre la solidarité de la guerre et l'euphorie de la libération.»

Georges Bidault, qui avait été un héros de la Résistance et premier ministre sous De Gaulle, fut bouleversé par cette soirée et annonça que, puisqu'il ne pouvait pas décerner la Légion d'honneur à Georges Vanier (les diplomates canadiens ne pouvant recevoir les honneurs étrangers), il la décernerait à Pauline. «Mais le gouvernement canadien exigea que cela ait lieu sur le quai de la gare. Je refusai cette condition et le matin de notre départ, Georges Bidault me remit la Légion d'honneur au Quai d'Orsay. Ce fut une cérémonie très émouvante.»

Puis ce fut le moment du départ. Les Vanier devaient quitter la France sans tambour ni trompette et prendre un train de nuit pour Lausanne, en Suisse. Pauline se souvient de ce départ qui fut tout sauf calme: «Je me souviens encore de la scène: tous nos domestiques pleuraient, et notre bonne qui était basque, originaire de Biarritz, se planta sur le palier et se mit à chanter un *Ave Maria* en basque. Heureusement que c'était le soir de la Saint-Sylvestre, car on nous aurait accusé de troubler l'ordre public!

«Un de nos amis qui nous avait accompagnés à la gare nous écrivit plus tard qu'il avait trouvé Georges bien triste alors qu'il montait dans le train, comme si 1953 mettait un terme à sa vie au service des autres. C'est vrai, il était réellement triste. Il aurait tant aimé pouvoir continuer à servir son pays de quelque façon que ce soit, aussi humble soit-elle.»

12

Retraite à Montréal

(1953-1959)

Les Vanier s'adaptèrent tout doucement à leur nouvelle vie. Après trois mois en Suisse, ils se rendirent à Venise pour rendre visite à leur vieil ami, le cardinal Angello Roncalli, ancien nonce apostolique à Paris et à ce moment-là Patriarche de Venise. Le cardinal considérait Venise comme sa dernière nomination avant la fin de sa carrière, trop modeste pour imaginer qu'il serait élu pape (le futur Jean XXIII) et qu'il serait l'initiateur du concile historique de Vatican II.

Les Vanier passèrent également deux mois à Vézelay, près de Dijon. Ce haut-lieu de la spiritualité était un centre de retraite qui leur était très cher. Puis, ils rendirent visite à leur vieil ami, Charles de Gaulle, qui s'était retiré en Lorraine, à Colombey-les-Deux-Églises.

À la fin du printemps 1954, Georges et Pauline retournèrent à Montréal et y commencèrent une nouvelle vie. Ils vivaient simplement, dans un modeste appartement au 8e étage d'un immeuble, rue Sherbrooke, ne possédaient pas de voiture et consacraient une grande partie de leur temps à venir en aide aux familles vivant dans les bidonvilles de Montréal.

La transition fut difficile, surtout pour Georges. «Le plus difficile fut de s'adapter à une nouvelle vie qui lui paraissait tellement moins utile que celle qu'il avait connue pendant cinquante ans. Il fut nommé administrateur du Crédit Foncier et de la Banque de Montréal, mais ces responsabilités occupaient peu de son temps. Il n'avait pas de loisir, pas d'objectif à atteindre et de ce fait devint très déprimé. Je pense que

Le Pape Jean XXIII accorda aux Vanier une audience privée d'une heure.
Mme Vanier qualifia cette rencontre «d'une des plus merveilleuses expériences de ma vie».
(Archives nationales du Canada, PA 183618)

Les Vanier à Vézelay, à la veille de la nomination de Georges Vanier comme premier gouverneur général canadien-français en 1959.
De gauche à droite: Thérèse, Jean, Pauline, Michel, Bernard, Georges.
Byngsie, le fils aîné, est absent.
(Archives nationales du Canada, PA 185496)

c'est la raison pour laquelle il commença à avoir quelques problèmes cardiaques et dut subir deux opérations pour des hernies. J'avais du mal à supporter sa souffrance. Nous étions loin de nous douter que cette période de notre vie était en fait une préparation spirituelle à ce qui nous attendait.

«Nous n'avions pas vraiment espoir de jouer un autre rôle dans la vie de notre pays. Un jour, nous fûmes invités à un déjeuner en l'honneur d'une personne de l'entourage de la reine. Quelqu'un fit remarquer la compétence et le talent de Vincent Massey, premier gouverneur général né au Canada. Je rêvai tout haut et annonçai que ce serait merveilleux si un Canadien-français pouvait un jour occuper ce poste. Je ne pensais absolument pas à Georges en lançant cette remarque, mais si cette idée m'avait effleurée, la réponse du personnage royal m'aurait instantanément ôté toutes mes illusions: "C'est absolument impensable avant au moins vingt-cinq ans!" me répondit-on.»

«La retraite nous donna l'occasion (la première de notre vie, mis à part la période des vacances) de nous consacrer entièrement à nos cinq enfants. Combien furent difficiles ces longues années de guerre qui nous séparèrent les uns des autres!»

Pauline Vanier était extrêmement fière de ses enfants et ne manquait jamais une occasion d'en faire l'éloge. «En 1954, Thérèse avait 31 ans. Elle avait été promue capitaine dans le Service féminin de l'armée canadienne, était officier de liaison à Paris et avait reçu la Croix de Guerre du gouvernement français. À la fin de la guerre, elle quitta l'armée pour entreprendre des études de médecine, tout d'abord à la Sorbonne, puis à Cambridge.»

Thérèse obtint son diplôme de Cambridge et fit son internat à l'hôpital St. Thomas et ensuite à l'hôpital pour enfants de Londres. Là, elle décida de se spécialiser en hématologie, et intégra l'hôpital St. Thomas à Londres.

«Au cours d'une année sabbatique à l'Université Makarere, en Ouganda, elle fit des recherches entièrement nouvelles en analyse du sang. De retour à Londres, elle devint professeur au département d'hématologie de l'hôpital St. Thomas. Elle y fut la première femme nommée chef de service.

«En 1954, Byngsie avait 29 ans. Non sans regrets, nous avions pris la décision de l'envoyer (ainsi que nos autres enfants) au Canada pendant toute la durée de la guerre. Là, ils vécurent avec ma mère. Après avoir terminé ses études au Collège Loyola à Montréal, Byngsie s'engagea dans l'armée canadienne, fit une formation de lieutenant d'infanterie et fut parmi les premiers cadres des troupes canadiennes du Pacifique à l'école d'instruction de Fort Benning, Géorgie. Son unité s'apprêtait à partir pour le Pacifique lorsque la bombe atomique mit subitement fin à la guerre.

«Byngsie pouvait à présent suivre ce qu'il savait être sa voie: sa vocation religieuse. Il fit une retraite au monastère trappiste d'Oka au Québec et sentit tout de suite que cet ordre l'attirait. Mais il passa d'abord une année avec nous à Paris pour mûrir sa décision. Nous ne fûmes pas trop surpris lorsqu'il nous quitta pour entrer chez les trappistes.

«Le noviciat de Byngsie à Oka ne fut pas facile. Après son ordination, il contracta la tuberculose et dut passer deux ans dans un sanatorium avant de pouvoir reprendre la vie austère des trappistes. Cette longue et douloureuse maladie fut peut-être une sorte de purification, car il sortit de cette épreuve plein de joie et de sérénité.»

Bernard, leur second fils, avait l'intention de faire carrière aux Affaires étrangères, mais après avoir terminé ses études de sciences politiques à Paris, il se consacra à la peinture. «Bernard prit peu à peu conscience que la peinture était sa véritable vocation, même s'il n'avait jamais suivi de cours. Il alla vivre au Canada et se mit à peindre, sur les hauteurs au Nord de Montréal. Par la suite, il retourna en France et s'installa à Aix-en-Provence dans une petite maison provençale qui avait une vue superbe sur la montagne Sainte-Victoire. Il épousa une Française d'Aix-en-Provence et ils eurent deux filles charmantes, Valérie et Laurence. Il vit maintenant au sud de Paris, dans le village de Marcoussis, où il a également travaillé comme traducteur et professeur d'anglais.

«J'espère qu'il n'abandonnera jamais la peinture: c'est devant son chevalet que je le sens le plus heureux. C'est certainement la peinture qui lui permet le mieux d'exprimer la beauté infinie qui est en lui.»

Jean, qui avait 26 ans en 1954, avait servi dans la marine canadienne jusqu'en 1950, où il occupa les fonctions d'officier sur le *Magnificient*, le plus gros navire de la marine canadienne.

«Mais Jock avait des doutes quant à l'utilité d'une carrière dans la marine en temps de paix. Il se lança donc dans des études de philosophie et de théologie à l'Institut catholique de Paris, puis accepta d'enseigner la philosophie au St. Michael's College de Toronto. Puis, tout d'un coup, et à notre grande surprise, il nous annonça qu'il partait pour la France où il avait l'intention de travailler avec des personnes ayant un handicap mental.

«Il partit donc et peu de temps après, acheta une petite maison dans le village de Trosly; il trouva un ami pour aider à faire la cuisine et invita Raphaël et Philippe, deux jeunes ayant un handicap mental, à se joindre à lui. C'est ainsi que commença l'Arche.

«L'Arche s'est répandue dans le monde entier et Jock voyage beaucoup, aidant les nouvelles communautés à grandir, donnant des conférences et des retraites dans de nombreux pays. Je suis émerveillée par son don de communication. Les gens me disent que lorsqu'on l'écoute, on est toujours très ému.»

Au sujet de Michel, né treize ans après Jock, Pauline raconte: «Je n'aurais jamais imaginé mettre au monde un enfant à 43 ans, mais sa naissance me remplit de bonheur et de fierté. Hélas la guerre battait son plein et à ma grande tristesse, nous dûmes le laisser au Canada pour toute la durée de la guerre. Trois années durant, nous fûmes séparés. Il fut élevé à Montréal par ma mère, dotée d'une incroyable patience, qui l'adorait.

«Après la guerre, le tourbillon de notre vie diplomatique à Paris nous parut peu propice à l'éducation d'un jeune enfant. Nous désirions qu'il reçoive une éducation canadienne, mais nous décidâmes de l'inscrire tout d'abord dans une école bénédictine près de Vézelay. À notre retour au Canada, il fréquenta une autre bonne école à Ottawa qui s'efforça (pas de façon entièrement satisfaisante) de s'adapter aux différences d'exigences entre le système européen et le système nord-américain.

Par la suite, Michel fréquenta une école très réputée de Fribourg, en Suisse, qui se révéla être un lieu austère et extrêmement sévère. Mais il y obtint brillamment son diplôme, retourna au Canada à l'âge de 17 ans. Il intégra l'Université Laval pour étudier la philosophie. Peu de temps après, il s'engagea comme officier dans l'ancien régiment de son père, le Royal 22e Régiment, dans sa branche la plus exigeante: le bataillon des parachutistes.

«Il lui fallut beaucoup de persévérance et de courage pour terminer cette formation de deux ans. Il retourna ensuite à l'université pour faire une maîtrise en sciences politiques et, une fois son diplôme obtenu, il accepta un poste de professeur de sciences politiques dans un cégep de Montréal. Il est marié et a deux enfants adorables, Anne-Marie et Philippe.

«La vie ne fut facile pour aucun de nos enfants, mais mon Dieu! que je suis fière d'eux!»

En 1957, les Progressistes Conservateurs, avec à leur tête John Diefenbaker, revinrent au pouvoir après 22 ans d'absence. Ils l'emportèrent par une écrasante majorité. «Si les commentaires royaux sur l'invraisemblance d'une nomination d'un gouverneur général canadien-français n'avait pas suffit à nous décourager, la victoire des Conservateurs mit notre désillusion à son comble. M. Diefenbaker et Georges ne s'étaient jamais rencontrés et ne se connaissaient absolument pas. Bien que Georges, en sa qualité de fonctionnaire, eût toujours mis son point d'honneur à ne pas prendre parti, toutes ses nominations avaient été le fait de Libéraux. Mackenzie King avait toujours considéré Georges comme son protégé et Mike Pearson, notre vieil ami de l'époque londonienne, était maintenant à la tête du Parti libéral, à présent dans l'opposition.»

Georges fut donc plus curieux qu'alarmé quand, en avril 1959, John Diefenbaker l'invita à Ottawa pour une petite entrevue. Georges confia à Pauline: «Pendant plusieurs minutes, le premier ministre tourna autour du pot en racontant des banalités. Puis, il en vint au sujet des gouverneurs généraux et précisa que le mandat de Vincent Massey tirait à sa fin. Ce dernier devait être bientôt remplacé. Il déclara qu'il avait en tête plusieurs noms, dont aucun Canadien-français.

«"Mais, poursuivit le premier ministre, 1959 marque le 200e anniversaire de la Bataille des Plaines d'Abraham qui confirma la conquête de la Nouvelle-France par les Anglais. Il serait peut-être opportun d'avoir un gouverneur général canadien-français pour symboliser le fait que 1759 inaugure plus une ère de coopération que de conquête. En outre, et bien que nous ne nous connaissions que très peu, on m'a dit grand bien de vous. En fait, Georges, acceptez-vous le poste de gouverneur général?"

«Georges revint immédiatement à Montréal pour m'annoncer la nouvelle et me demander ce que j'en pensais. Je compris tout de suite que sa décision était prise. Je lui demandai: "Tu as 71 ans, tu ne penses pas qu'avant de donner ta réponse, tu devrais faire un bilan médical? Tu as déjà eu deux petits accidents cardiaques." Sa réponse fut superbe: "Non, si je dois remplir cette fonction, Dieu me donnera la force de l'accomplir. Je n'ai pas besoin de consulter un médecin." Et jusqu'aux derniers jours de son mandat, il ne consulta pas le moindre médecin.

«Le Seigneur lui donna la force nécessaire. À partir de ce moment, il se mit à rajeunir de corps et d'esprit. Finies les cinq années d'inactivité et de dépression, de vide spirituel et de petits malheurs amplifiés en grandes maladies. Les sept années qui suivirent furent pour Georges une véritable cure de jouvence.»

Garder secrète cette nomination d'avril à août (date de l'annonce officielle) ne fut pas chose facile pour les Vanier. Les rumeurs allaient bon train et il n'était pas facile de garder le silence. La reine vint en visite au Canada en juin pour présenter les couleurs au Royal 22e Régiment, mais ni la reine ni Georges n'eurent un moment de calme pour discuter de cette nomination.

Georges ne put pas non plus se confier à son vieil ami le cardinal Roncalli, qui venait d'être élu pape (Jean XXIII), lorsque ce dernier reçut les Vanier avec Jean au Vatican.

Cette visite reste un moment tout à fait inoubliable. «Ce fut une rencontre des plus émouvantes. Il nous prit chacun dans ses bras et nous embrassa chaleureusement puis nous dit: "Je suis toujours le même Roncalli, mais maintenant je suis le Vicaire du Christ. C'est une très lourde tâche et j'ai besoin de vos prières."»

Le Pape leur accorda une audience privée dans sa bibliothèque, qui dura une bonne heure et dont Pauline se souvient avec émotion: «Ce fut l'une des plus belles expériences de ma vie. Georges, dans son excitation, en oublia complètement le protocole, et demanda à Sa Sainteté si nous pouvions assister à sa messe privée le lendemain matin, ce qui ne se fait jamais. Le Pape répondit: "Pourquoi pas?" Le lendemain, nous étions debout à 5 h 30 et à 6 h 30 nous étions au Vatican. Guido, le valet de chambre de sa sainteté, nous conduisit jusqu'à la chapelle privée du pape, pas plus grande qu'une petite pièce. Seules deux petites religieuses étaient présentes et le secrétaire privé du pape servait la messe. C'était très beau.

«Une chose me toucha beaucoup: il n'y avait rien pour s'agenouiller et, pour ce faire, il fallait donc mettre les genoux directement par terre, sans appui. Juste avant le début de la messe, Sa Sainteté se souvint de la jambe de Georges et demanda à son aide d'apporter un prie-Dieu pour Georges. Quelle délicatesse! Imaginez que nous fûmes les premiers laïcs à assister à sa messe privée!

«Après la messe, il nous demanda de l'accompagner. Il désirait nous inviter à prendre un petit déjeuner avec lui, mais ce n'était pas prêt. Il insista pour que nous restions nous entretenir avec lui. Nous passâmes une heure et quart ensemble; chaque fois que nous nous levions pour partir, il nous retenait en disant: "Encore un moment, encore un moment."

«Ensuite, il nous conduisit dans sa chambre et nous montra une photo de sa mère, *"La bonne mama"*. Il nous la passa pour que nous l'embrassions. Sa chambre était très simple: un lit, une petite table et un vieux bureau. Il nous montra la grande fenêtre qui donnait sur la place Saint-Pierre. Je m'approchai de la fenêtre pour voir la vue. Rapidement, Sa Sainteté me demanda de me reculer: "Je n'ose pas imaginer les rumeurs que nous provoquerions si un passant sur la place apercevait une *femme* dans la chambre du pape!"

«Au moment de partir, il nous accompagna jusqu'à l'ascenseur; nous nous agenouillâmes pour recevoir sa bénédiction, et il embrassa Jock. Sa mort, quelques années plus tard, nous attrista beaucoup. Chaque fois que nous retournons à Rome, nous ne manquons pas d'aller sur sa tombe dans la basilique Saint-Pierre; elle est toujours couverte de fleurs. Mon Dieu, que cet homme était apprécié!»

L'annonce officielle de la nomination de Georges devait avoir lieu début août, et les Vanier devaient en être informés par un télégramme quelques jours avant. Ce ne fut pas le cas. «Le fameux télégramme s'égara et nous ne le reçûmes jamais. Cette après-midi du 1er août, nous étions à Londres avec Michel dans une minuscule chambre de l'hôtel Rembrandt. Georges était parti à la messe; quant à moi, je faisais quelques courses. Nous arrivâmes ensemble à l'appartement pour trouver Michel fou d'excitation. "Dépêchez-vous! Dépêchez-vous! criait-il. Papa a été nommé gouverneur général!" Il avait appris la nouvelle par un téléphone du Haut-Commissariat.

«L'hôtel insista pour nous donner une chambre plus spacieuse et les coups de téléphone de félicitations se mirent à pleuvoir. Nous ne changeâmes pas pour autant notre projet initial qui était d'aller au cinéma voir "The Nun's Story". Tout le long du chemin, la presse nous harcela, étonnée que le soir même d'une telle annonce nous choisissions d'aller au cinéma. À leurs yeux, il eût été plus séant de boire du champagne au Claridge's!

«Nous conservâmes nos réservations de bateau pour notre voyage de retour au Canada. Arrivés à Québec, un message urgent nous attendait: "Pouvez-vous, s'il vous plaît, vous rendre immédiatement à Ottawa pour les préparatifs de la cérémonie d'investiture?" Je réalisai tout d'un coup que nous replongions dans une vie qui risquait d'être aussi trépidante que notre vie parisienne cinq ans auparavant.»

Le couple vice-royal plongea dans leur nouvelle vie avec une énergie et une ferveur qui les caractérisèrent tout au long de leur mandat.
(Archives nationales du Canada, PA 185492)

13

La résidence du Gouverneur à Ottawa

(1959-1967)

Peu de nominations de gouverneurs généraux, précédemment ou même ultérieurement, suscitèrent autant d'intérêt. Les grands titres de la presse, au Canada comme en Angleterre, applaudirent le choix du valeureux soldat-diplomate, et se félicitèrent de la nomination du deuxième gouverneur canadien et du premier gouverneur canadien-français. Lorsque les Vanier retournèrent au Canada, début septembre 1959, il y régnait une certaine effervescence liée à l'approche de l'investiture, prévue le 15 septembre.

Pour Georges comme pour Pauline, la cérémonie d'investiture se préparait fébrilement. «La veille, le secrétaire d'État vint nous chercher à Montréal et nous accompagna en train jusqu'à Ottawa. Le premier ministre et son épouse, Madame Diefenbaker, nous attendaient à la gare et nous présentèrent les ministres du Cabinet. Je me vois encore disant à Monsieur Diefenbaker: "Monsieur le Premier ministre, vous avez pris le risque de nous choisir tous les deux sans jamais m'avoir rencontrée. Maintenant que vous me voyez, il est encore temps de changer d'avis!"» La proposition de Pauline provoqua éclats de rire et applaudissements et donna le ton à des relations cordiales et informelles qui durèrent tout au long de leur mandat.

Les Vanier passèrent la nuit à l'hôtel Château Laurier. «C'était extraordinaire! On nous attribua tout un étage pour recevoir nos amis

Toujours terre à terre, Mme Vanier encourage deux jeunes patients inuits à l'Hôpital général d'Inuvik,
Territoires du Nord-Ouest, 1961.
(Archives nationales du Canada, PA 183617)

et relations. Lorsque notre ami, l'abbé Leclerc, arriva le lendemain matin dans notre chambre pour célébrer la messe, il trouva Georges à sa table depuis l'aube en train d'écrire et de réécrire son discours inaugural. Georges était tellement découragé par la rédaction de ce discours qu'il avait téléphoné à un ami pour lui demander de l'aider à en améliorer la forme. Mais l'ami en question déclina cet honneur en disant que ce discours devait être du "pur Vanier"; tout ce qu'il pourrait ajouter serait superflu.»

Le grand jour arriva enfin. À 10 heures, ce matin-là, Vincent Massey, le gouverneur général dont le mandat était arrivé à expiration, quitta Ottawa et les cérémonies d'installation du dix-neuvième gouverneur général du Canada débutèrent.

Les Vanier arrivèrent en voiture à la Colline du Parlement où ils furent salués par une haie d'honneur d'une centaine de gardes. Puis, ils pénétrèrent dans la salle du Sénat pour la cérémonie proprement dite. Ils formaient un couple étonnant: Georges, grand, cheveux blancs, et uniforme militaire abondamment décoré, et Pauline, digne et élégante dans une robe très sobre de taffetas noir rehaussée d'un bouquet de fleurs blanches. «Tout se déroula dans une atmosphère de joie et de fête. Le discours de Georges fut de l'excellent Vanier, un "grand cru". C'était un début prometteur.»

À la suite de la cérémonie, on tira 21 coups de canon de la Pointe Nepean; le drapeau du gouverneur général fut hissé sur la Tour de la Paix et le couple vice-royal fit le tour d'Ottawa dans un landau décapotable. Escortés par la police montée de la gendarmerie royale en uniforme rouge, ils furent conduits jusqu'aux marches de la résidence du gouverneur général. «C'était un peu comme un retour aux sources», observe Pauline en évoquant ses premières années de mariage à Rideau Cottage, situé juste de l'autre côté de la pelouse, à moins de cent mètres de la résidence. «Georges s'amusait à raconter que sa jambe de bois ne l'avait jamais vraiment gêné, mais qu'il avait tout de même mis 37 ans pour aller de Rideau Cottage à la résidence du Gouverneur!»

Le couple vice-royal s'acquitta de ses nouvelles responsabilités avec une énergie et un enthousiasme qui caractérisèrent tout leur mandat. À peine avaient-ils défait leurs bagages qu'ils accueillaient leur première invitée, la Princesse Alice, veuve du Comte d'Athlone qui avait été gouverneur général de 1940 à 1946. «Le jour de son arrivée, je lui demandai de me donner un *briefing*. “Je n’ai pas de sang bleu et je n’ai pas la moindre idée des exigences du protocole liées à ma nouvelle fonction.”

«Nous nous installâmes dans le salon et elle commença: “Vous devez toujours avoir l’air un peu distante et réservée; ne vous faites jamais appeler par votre prénom. Préparez-vous à ce que l’on vous fasse la révérence. Vous ne devez en aucun cas embrasser qui que ce soit en public, surtout pas une personnalité politique, de peur qu’on interprète cela comme du favoritisme.” Étant donné mon caractère, cela me parut des préceptes extrêmement difficiles à observer.»

Mais Pauline se décida à suivre les conseils de la princesse Alice. «Le lendemain, nous donnions notre première réception. C’était pour les vétérans de l’artillerie de l’armée canadienne. Leurs épouses étaient également conviées et la révérence à mon égard était de rigueur. Lorsque la première femme entra, j’oubliai complètement mon nouveau rôle et lui fis la révérence. Nos genoux se cognèrent en nous inclinant!»

Bien d’autres bévues allaient choquer la princesse Alice. «Dans le groupe d’invités, je repérai le visage rayonnant de mon vieil ami, Mike Pearson, alors chef de l’opposition. J’étais tellement heureuse de le voir que, sans réfléchir, je me jetai à son coup et l’embrassai chaleureusement.»

Plus tard, elle avoua sa bévue à la princesse Alice qui en fut scandalisée. «Elle me rétorqua que, comme juste châtiment, je devais faire la même chose avec M. Diefenbaker. Je dus attendre Noël avant d’en avoir l’occasion. Je connaissais trop peu M. Diefenbaker pour lui faire des avances; je me plantai donc sous le gui et le regardai avec insistance, mais il ne comprit pas où je voulais en venir. Je me tournai avec un regard suppliant vers son épouse qui comprit tout de suite. “John, dit-elle à son mari, ne voyez-vous pas que Son Excellence se tient sous le gui?” Le premier ministre se leva galamment et vint m’embrasser. J’avais fait ma pénitence.»

La vie des Vanier devint très vite extrêmement active et occupée. Les seules exigences de leur vie publique auraient épuisé des personnes deux fois plus jeunes qu’eux. Pendant leur première année à Rideau Hall, les Vanier reçurent plus de 10 000 personnes en un incessant tourbillon de dîners, cocktails, réceptions et goûters. Leurs hôtes favoris étaient les enfants: les scouts, les guides, les écoliers, les brigadiers scolaires et les cadets de la marine et, chaque Noël, les 200 jeunes défavorisés du Ottawa Boys' Club. Lors de ces fêtes, les Vanier n'hésitaient pas à porter des chapeaux en papier et à lancer des pétards avec les enfants.

Quel que soit leur emploi du temps, les Vanier commençaient toujours leur journée en assistant ensemble à la messe, en général dans la petite chapelle qu'ils avaient aménagée dans une chambre de leur résidence. «C'était la première fois qu'il y avait une chapelle à la résidence du Gouverneur et cette petite pièce devint très importante pour nous. Le dimanche, nous allions dans les différentes églises d'Ottawa. Cela nous donna l'occasion de rencontrer toutes sortes de gens. Quel accueil nous était réservé! C'était touchant!»

Une des joies de Pauline était de réunir, le temps d'une soirée, tous ceux et celles qui les aidaient à la résidence du Gouverneur. Tout comme son mari, Pauline faisait preuve de beaucoup de délicatesse et d'attention à l'égard de chacun des employés, les considérant tous comme des membres de sa famille élargie. Elle les appelait souvent «mes enfants adoptifs». Elle aimait les inviter à partager un repas et leur apportait du bouillon chaud quand ils étaient malades. L'un d'eux se souvient: «Je me demande où elle trouvait l'énergie de s'occuper de tant de monde. Mon Dieu qu'elle était prévenante et attentionnée!» Mais tout cela lui était bien naturel. «Nous formions une famille extraordinaire, n'est-ce pas? Et quels bons moments nous avons passé avec eux!»

Un jour, les Vanier organisèrent une soirée costumée pour tout le personnel de la résidence du Gouverneur. Les Vanier, déguisés en chevaux de trait avec un harnais en cuir sur leurs épaules, entrèrent clopin-clopant dans la salle de bal en tirant un traîneau. L'aide de camp, Bruce Stock raconte: «Pauline en tête entra au galop en reniflant comme un cheval. Chaque fois qu'elle s'arrêtait, elle tirait sur les rênes, renversant presque le gouverneur général!»

Bien que Pauline fût très absorbée par ses obligations mondaines, elle était bien décidée à ne pas s'arrêter là. «J'aimais cette vie, mais je désirais me rendre utile auprès de ceux qui avaient besoin d'aide.» Qu'elle soit à Ottawa ou en voyage, elle ne ratait pas une occasion de visiter des hôpitaux, des prisons, des foyers d'enfants ou de personnes handicapées. Un résident d'Ottawa affirma: «Pauline peut rendre heureux n'importe quel enfant malade en lui caressant la tête et en lui disant: "Tout ira bien."»

Pauline tenait beaucoup à répondre elle-même au courrier qui lui était adressé: environ une cinquantaine de lettres par jour. La plupart du temps, elle répondait elle-même à la main ou bien tapait les réponses sur sa vieille machine à écrire portative. «La plupart du courrier que je reçois vient de femmes avec des problèmes. Je suis très émue de la confiance qu'elles m'accordent et le minimum que je puisse faire est de leur répondre moi-même.»

Bien souvent, ses réponses ne se limitaient pas à la simple compassion. Lorsque des lettres faisaient état d'une injustice, elle se retrouvait à remplir, de même que Georges, un rôle qui ne leur incombait nullement, celui de protecteur du citoyen informel.

Profitant de leur droit à être informé, les Vanier envoyaient une note aux autorités concernées et bien souvent cela suffisait à lancer un bureaucrate sur l'affaire. «Cela me donnait beaucoup de satisfaction de pouvoir contribuer à réparer une injustice. Certains plaignants souffraient depuis de longues années.»

Pauline reçut elle aussi son lot d'épreuves. Depuis trente ans, elle souffrait de cataractes et sa vue devenait si faible qu'elle devait de plus en plus avoir recours à l'intuition et aux sons pour reconnaître des invités. Elle avait besoin d'une aide discrète pour éviter d'éventuels obstacles. Son courage et sa ténacité à remplir son rôle dans de telles conditions émerveillaient famille et amis. «Je savais qu'une opération pourrait améliorer ma vue, mais on m'avait également dit que dans mon cas cela pouvait aussi l'aggraver; je repoussais donc indéfiniment l'échéance.

«Finalement, un incident me fit comprendre que j'étais plus inconsciente que courageuse. Nous étions sur la plate-forme arrière de notre train alors qu'il quittait la petite ville que nous venions de visiter lorsque je vis ce que je crus être un terrain de jeu rempli d'enfants. Je leur fis de grands signes de la main, et me demandai pourquoi ils semblaient figés au sol et ne me répondaient pas. "Votre Excellence, me dit gentiment l'une des personnes qui m'accompagnaient, ne vous donnez pas tant de mal, c'est un cimetière que nous longeons." Ma méprise nous fit éclater de rire. Elle me décida également à me faire opérer.»

Pauline reconnut que l'opération fut extrêmement terrifiante. «On me fit seulement une anesthésie locale et je restai éveillée toute la durée de l'opération. J'avais l'impression que le scalpel me triturait l'âme! Pour me distraire, je récitai un poème de A.A. Milne jusqu'à ce que ce soit terminé.

«Mais quel bonheur de voir à nouveau! À ma sortie de l'hôpital, j'allai tout droit à la serre de la résidence du Gouverneur et m'émerveillai de voir les fleurs les plus minuscules et les plus délicates, surtout les blanches, je n'avais jamais vu les blanches. Je criai de joie en voyant de toutes petites impatientes. Je pense que c'est la raison pour laquelle je suis si attachée aux fleurs de la résidence du Gouverneur. Elles furent la source d'une joie indescriptible.

«Une autre conséquence de mon opération fut mon désir que chacun vive entouré de plus de beauté. J'obtins du gouvernement que les bureaux des secrétaires, les chambres des domestiques et du personnel soient restaurés et redécorés. Certaines de ces pièces n'avaient subi aucune transformation depuis le siècle dernier! Finalement, on refit la salle de bal. Je me sentais enfin chez moi.»

Lorsque Pauline n'était pas occupée à diriger la somptueuse demeure de 50 pièces et les merveilleux jardins attenants, avec 25 personnes sous ses ordres, ou lorsqu'elle n'était pas totalement absorbée par l'accueil de ses hôtes ou l'organisation incessante de réceptions, elle accompagnait son mari dans ses tournées, sillonnant avec lui le pays sur des milliers de kilomètres, à la rencontre de ses habitants. Elle appréciait beaucoup ces voyages et les trouvait très enrichissants.

«C'était un contact direct avec les Canadiens et la meilleure façon de connaître leurs attentes et leur état d'esprit. La plupart du temps, nous étions merveilleusement accueillis. Seule la Colombie-Britannique nous manifesta une hostilité évidente, surtout la première fois. Je me rappelle que le premier ministre de la province n'était pas sûr d'aimer avoir un gouverneur général canadien-français. La population non plus, d'ailleurs. Notre seconde visite se déroula beaucoup mieux: je pense que les gens avaient découvert qu'après tout, nous n'étions pas si mal. Je ne suis pas certaine que nous ayons réussi à convaincre le premier ministre Bennet, mais nous nous fîmes de bons amis en Colombien-Britannique et fûmes par la suite très bien accueillis.

«Il est étonnant que les Canadiens considèrent le gouverneur général comme un homme politique, malgré tous nos efforts pour être le plus neutres possible. Une seule fois je fis exception à la règle, lorsque je déclinai l'invitation à ouvrir le Stampede de Calgary. Non seulement j'étais trop vieille, mais je soutenais la cause des Indiens et ces derniers étaient très opposés au Stampede. Ils durent trouver quelqu'un d'autre pour l'inauguration.

Toute une série d'invités de marque se succédèrent chez les Vanier à la résidence du Gouverneur. Chacun arrivait avec son bagage de souvenirs. Le général de Gaulle et son épouse leur rendirent visite bien avant sa venue officielle au Canada en 1967. Le Général ne fit alors aucune allusion à sa position ultérieure concernant l'indépendance du Québec, qui allait soulever une véritable tempête quelques années plus tard.

Chaque invité était accueilli de façon personnelle. «J'aimais laisser dans la chambre de mes hôtes un ou deux livres soigneusement choisis. Pour le général de Gaulle, je choisis de la littérature canadienne-française récente. Mais à la dernière minute, je m'aperçus que tous les livres que j'avais laissés à son intention étaient édités à l'européenne avec les pages non détachées les unes des autres. Je m'assis et les détachai une à une.»

Charles de Gaulle étant très occupé, Pauline eut surtout l'occasion de mieux connaître son épouse, Yvonne. «Je lui proposai une excursion en voiture, mais elle me répondit: "Je préfère passer mon temps à attendre. Je n'ai jamais été très utile à mon mari, mais j'ai toujours été présente à son retour. La seule autre chose que je sache faire pour lui est de lui beurrer son pain au petit déjeuner."

«Cette femme avait une grande humilité; toujours dans l'ombre, mais toujours présente. Vous rendez-vous compte, elle n'a *jamais* quitté son mari de toute la guerre! Pendant toutes ces années, elle dut également s'occuper de leur enfant handicapé mental, qui mourut à Londres à l'âge de 17 ans. C'était la dernière fois que je les voyais au Canada et ils furent d'une extrême gentillesse avec nous.»

La visite en mai 1961 du tout nouveau président des États-Unis, John F. Kennedy, et de son épouse fut mémorable à cause du déploiement des forces de sécurité qu'elle occasionna. Plusieurs centaines d'agents secrets, d'agents fédéraux et des malles d'équipement électronique de sécurité précédèrent leur arrivée à Ottawa. «Je n'avais jamais vu donner une telle importance aux forces de sécurité. Toutes nos lignes téléphoniques furent monopolisées et alors que je pris le combiné pour appeler Madame Kennedy dans sa chambre, au bout du corridor, c'est une standardiste qui me répondit de Washington, me demandant qui j'étais et pourquoi je voulais parler à la femme du président!

«Finalement Georges expulsa tout le personnel du FBI et de la CIA et le remplaça par des agents bien entraînés de la Gendarmerie royale du Canada. Cela ne changea pas grand-chose. Lorsque je voulus rendre visite à Jacqueline Kennedy dans sa chambre, deux agents de la GRC en civil m'arrêtèrent et refusèrent de me laisser entrer. Une fois finalement entrée dans la chambre, je pris un malin plaisir à leur demander: "Savez-vous qui sont ces deux personnages douteux que vous vouliez arrêter? Voici Jacqueline Kennedy et je suis Pauline Vanier!"»

Les Vanier reçurent également plusieurs chefs d'État des pays d'Amérique latine. La visite de l'un d'eux, le président d'Argentine, provoqua bien des remous car leur ambassade à Ottawa avait égaré tous les bagages du président et de son entourage.

Pauline évoque avec humour ce souvenir: «Le président et son épouse étaient arrivés tous les deux en simple tenue de voyage; une grande réception officielle était organisée en leur honneur l'heure suivante. L'épouse du Président était petite et menue et personne n'avait quoi que ce soit qui lui fasse; je lui prêtai donc une de mes robes qu'elle attacha à la taille avec des épingles de nourrice. Le président, lui, était grand et il put emprunter à notre fils Michel un pantalon qui lui allait presque bien. Mais il manquait trente centimètres dans la largeur à la seule veste que nous pûmes trouver!

«Les invités arrivèrent, les hommes en cravate blanche et queue de pie, tout bardés de décorations, les femmes en robes et diadèmes. Nos deux invités d'honneur ne laissèrent rien paraître. Ils sauvèrent la face avec dignité et bonne humeur et le dîner fut très réussi.»

Pauline reçut également Farah, l'épouse du Shah d'Iran avec laquelle elle se lia bien spontanément. «C'était une femme extraordinairement belle, d'une grande intelligence et sincérité. Des heures durant, nous discutâmes de ses efforts pour essayer d'améliorer le sort

Pauline Vanier se lia spontanément avec Farah,
épouse du Shah d'Iran.
(Archives nationales du Canada, PA 185491)

des femmes de son pays en faisant adopter des mesures sociales en leur faveur, telles des garderies, et ceci malgré une farouche opposition conservatrice.»

L'empereur éthiopien Haile Selassie fut un autre invité de marque. «Il était de très petite taille, mais avait une telle dignité et intelligence qu'il paraissait grand et imposant. Ce qui me bouleversa fut la simplicité et la ferveur de sa foi chrétienne de rite copte. "Lion de Juda ou non, me dit-il, tout ce que j'essaye de faire, c'est d'être un bon téléphone pour l'Esprit Saint."»

L'événement le plus angoissant mais certainement le plus marquant des sept années et demi passées à la résidence du Gouverneur fut la visite de la Reine Elisabeth au Québec en octobre 1964. Pauline s'en souvient de façon très claire.

«Un petit groupe de militants séparatistes étaient violemment opposés à la venue de la reine et y voyaient une occasion de rallier les Québécois à leur cause. Il y eut même des déclarations comme quoi la sécurité de cette dernière ne pourrait pas être assurée; allusion à la possibilité d'un attentat contre sa personne. Une opposition à sa venue se fit également jour parmi les Canadiens anglophones pour cette seule raison de sécurité. Mais Lester Pearson, le premier ministre, insista pour que sa visite ait tout de même lieu. L'annuler n'aurait fait qu'apporter un peu plus de crédibilité à la cause des séparatistes.

«Nous vînmes l'accueillir lorsque son bateau, le *Britannia,* arriva à quai à Québec et nous traversâmes la ville en voiture avec elle et le prince Philip. On aurait dit une ville assiégée: pas un chat, la police omniprésente. Lorsque des journalistes-photographes tentèrent de prendre en photo son arrivée à l'hôtel du Château Frontenac, ils furent chassés par des policiers armés de matraques.

«La reine s'adressa à l'Assemblée nationale du Québec et, dans un français parfait, elle évoqua le rôle prédominant joué par les Canadiens-français dans l'histoire et le développement du Canada. Elle souligna également l'importance de leur contribution à venir dans l'édification d'un Canada uni. Elle fit preuve d'un grand calme et de beaucoup de sérénité, à la différence du premier ministre québécois qui semblait agité, nerveux et parla d'une voix hésitante et sans assurance. Je lui fis part de mon émerveillement devant son calme dans de telles circonstances. Elle me répondit avec une étincelle dans les yeux: "On dirait que plus les politiciens sont nerveux, plus je suis calme."

«Beaucoup de Québécois furent conquis par la reine à l'occasion de cette visite. Je lui présentai Réal Caouette, le chef du Parti du Crédit social du Québec. Ce dernier ne tarda pas à la faire éclater de rire avec ses histoires. Le lendemain, à la Chambre des communes, il annonça que suite à sa conversation de la veille avec la reine, il était devenu un fervent royaliste et qu'il serait l'un des plus loyaux sujets de Sa Majesté!»

Après plusieurs années passées à la résidence du Gouverneur, les Vanier se demandèrent quel héritage ils pourraient laisser à leur pays. Un souci leur tenait à cœur depuis longtemps: l'intégrité de la famille.

«Depuis quelque temps, la dissolution de la famille nous inquiétait. Il nous apparut important de nous pencher sur cette question afin de permettre à beaucoup de retrouver des liens familiaux tels que mon mari et moi les avions connus pendant notre enfance et dans notre propre famille.»

C'est ainsi que le 7 juin 1964, les Vanier parrainèrent un congrès à la résidence du Gouverneur qui attira 400 délégués des quatre coins du pays. Cette rencontre aboutit à la création, l'année suivante, de l'Institut Vanier de la famille, premier organisme du genre au Canada, dont le but était de promouvoir la famille et de favoriser des recherches sur des questions s'y rapportant.

Cette même année, Pauline fut nommée Chancelier de l'Université d'Ottawa; elle était la première femme et la première laïque à occuper ce poste qu'elle continua d'occuper même après la mort de son mari. Pauline garde de la cérémonie d'installation un souvenir inoubliable. Lors de cette cérémonie, après avoir posé son regard sur son mari, elle aborda devant une salle bondée, un sujet cher à son cœur:

«C'est à l'université qu'incombe la responsabilité cruciale de développer les principes chrétiens qui constituent les fondements de notre civilisation occidentale. C'est également sa mission de montrer que la foi, loin d'être démodée, confère au monde une beauté, une richesse et une force que rien d'autre ne peut lui apporter. [...] L'idéalisme est le propre de la jeunesse, à condition que nous l'aidions à s'épanouir. Mais l'idéalisme sans la foi pour le soutenir vacillera et ne résistera pas aux épreuves et aux

tentations de la vie adulte. Il est donc vital que nous cultivions chez nos jeunes le sens de la foi et des valeurs si nous ne voulons pas que notre société se désagrège.»

La mort soudaine de Georges Vanier, le 5 mars 1967, attrista profondément le pays tout entier. Le matin même, il était conscient et présent lorsque son fidèle chapelain, le chanoine Guindon, vint lui apporter la communion dans sa chambre pendant que toute la famille assistait à sa messe dans la chapelle attenante. Il s'en alla doucement. La messe fut suivie des derniers sacrements. Typiquement, les dernières paroles qu'il adressa à son épouse et à sa famille furent une blague de famille. Après avoir été poussé au-delà des limites humaines, le cœur de ce valeureux soldat s'éteignit dans la paix.

La nation tout entière fut plongée dans le deuil. Près de trente mille personnes défilèrent devant la chambre du Sénat où son cercueil était exposé, enveloppé du drapeau canadien. Les témoignages de sympathie affluèrent du pays tout entier. Le secrétaire de Georges, Esmond Butler, remarque: «Rarement dans son histoire le pays n'a manifesté à quelqu'un de telles marques d'affection.»

Trois jours plus tard, le 8 mars, des millions de Canadiens regardaient à la télévision la cérémonie des obsèques. Son cercueil fut transporté sur un porte-canon dans les rues gelées d'Ottawa jusqu'à la Basilique Notre-Dame pour des funérailles nationales.

Plus tard, on sonna le glas et au roulement des tambours, on lui rendit un dernier hommage par une salve de 78 coups de canon, un pour chaque année de la vie du gouverneur général. Pauline et sa famille quittèrent Ottawa pour accompagner le cercueil jusqu'à la ville de Québec. Après un service commémoratif à la cathédrale Notre-Dame, on déposa le corps à la Citadelle, dans la chapelle commémorative du Royal 22e Régiment.

Pauline supporta courageusement ces éprouvantes cérémonies, soutenue dans son épreuve par la conviction que son mari avait servi son Dieu et sa patrie mieux que quiconque. «Il était passionné par son travail et par ses contacts avec tant de Canadiens. Il était convaincu qu'il accomplissait une mission pour laquelle il avait été appelé.»

Les marques de sympathie à l'égard du gouverneur général furent significatives et émouvantes. «Il nous aimait, ouvertement, et nous lui rendions son affection. Ce simple fait nous donne du courage pour un siècle», fit remarquer Hugh Kemp à la radio de Radio-Canada (CBC) alors que le Lieutenant-gouverneur de l'Ontario, Earl Rowe, rendit hommage à Georges Vanier en le qualifiant de «l'un des hommes les plus remarquables de son époque». Il ajouta: «Aucun homme n'a eu une plus haute conception du service de l'État. La contribution à notre pays du gouverneur général et de Pauline Vanier est absolument inestimable et tout à fait inégalée depuis les cent dernières années.»

C'est certainement le journaliste Peter Newman qui rendit le témoignage le plus poignant en s'adressant à une nation en deuil: «Quand nous est-il arrivé de pleurer, nous le peuple canadien tout entier? Nos larmes sont pour Georges Vanier, mais notre tristesse est celle de la fin d'une époque. Ce sont les obsèques de toute une génération.»

Le premier ministre Pearson envisagea de demander à Pauline de succéder à son mari comme gouverneur général. Mais étant donné l'approche de l'année du centenaire et tous les préparatifs que cela exigerait, il lui parut peu raisonnable de demander cela à quelqu'un qui traversait déjà une épreuve aussi douloureuse. Pauline demeura à la résidence du Gouverneur encore quelques semaines après la mort de son mari, en attendant l'arrivée et l'installation du successeur de Georges, Roland Michener.

Ce fut une période de tristesse et de réflexion. En plus de l'évocation douloureuse du passé et l'acceptation de l'épreuve qui est le sort de toutes les veuves, Pauline voulut répondre personnellement aux 10 000 lettres de condoléances qui arrivèrent à la résidence du Gouverneur.

Le personnel, très attaché à la famille, voulut rester bien qu'elle leur reprochât gentiment de continuer à l'appeler la «Première Dame» ou «Son Excellence». «Je ne suis plus votre Excellence, leur disait-elle. Pourquoi ne m'appelez-vous pas tout simplement "Maman Vanier"?» Et à son maître d'hôtel: «Asseyez-vous, Mc Kinnon. À présent, nous sommes tous les deux de simples citoyens!»

Le 13 avril 1967, Pauline Vanier fit ses adieux à son personnel et quitta définitivement la résidence du Gouverneur. Elle se rendit à la gare d'Ottawa où l'attendaient sur le quai le premier ministre Pearson, les membres du Cabinet, des diplomates, des représentants de l'Église et de l'armée, pour lui faire leurs adieux. Après avoir salué chacun personnellement et passé en revue une garde d'honneur, elle adressa un au revoir particulier à l'aide de camp David Hyman. Alors que ce dernier esquissait un salut militaire, son équilibre fut ébranlé quand Pauline se pencha vers lui et l'embrassa sur la joue.

Elle monta dans le train et, debout sur la plate-forme arrière, elle adressa ses adieux à tous ceux qu'elle laissait derrière elle. Puis, la garde d'honneur présenta les armes, elle leur fit une révérence et leur dit une dernière fois adieu de la main alors que le train quittait la gare.

Il s'agissait peut-être de la fin d'une époque, mais pour Pauline, ce n'était que la fin d'un chapitre. Elle ignorait encore qu'une autre vie, radicalement différente, l'attendait dans un avenir pas si lointain.

L'étreinte caractéristique de Pauline Vanier.
(L'Arche)

Pauline Vanier adorait les enfants et ne ratait jamais l'occasion de se faire un nouvel ami.
(L'Arche)

14

Montréal et l'Arche: Une nouvelle vie commence

(1967-1991)

Pauline Vanier emménagea à Montréal et s'installa dans une petite maison sur la place Redpath. Yves Chevrier, le très dévoué valet de chambre de son mari, s'installa dans un appartement au rez-de-chaussée pour seconder Pauline dans les tâches ménagères. De nombreux amis et membres de la famille venaient la voir pour lui apporter le soutien et le réconfort dont elle avait tant besoin en cette douloureuse période de transition.

L'une de ses priorités fut de transformer une chambre de l'étage supérieur en chapelle, avec un sol en carrelage noir et blanc, un autel tout simple et le crucifix de son mari. Un prêtre oblat venait chaque matin pour dire la messe et une secrétaire venait également trois matinées par semaine pour aider Pauline à répondre au flot de courrier qui continuait à arriver.

En juin de cette même année, Pauline, ayant fini d'aménager sa nouvelle maison, décida d'aller en France voir ses enfants et ses vieux amis. À cette époque, les relations entre le Canada et la France étaient de plus en plus tendues. Comme son mari l'avait pressenti avant sa mort, il s'était opéré des changements inquiétants dans l'attitude de De Gaulle vis-à-vis du Canada. Le président français semblait encourager délibérément le séparatisme du Québec, en promouvant au rang d'ambassade la délégation provinciale du Québec et en traitant le premier ministre québécois en visite à Paris comme s'il était le chef d'un état indépendant. Georges était troublé par ces prises de position, mais ne pouvait concevoir que son vieil ami ait l'intention de diviser le Canada, allié fidèle de la France pendant les deux guerres. Pauline, elle, en était moins sûre.

Il se trouva que Pauline fut à Paris lors d'une cérémonie à la mémoire des personnes mortes pendant la Résistance. Lorsque Madame de Gaulle la repéra dans la foule, elle insista pour que Pauline aille saluer le Général. «De Gaulle me donna une poignée de main conventionnelle. Après m'avoir exprimé ses condoléances pour la mort de mon mari, il m'informa de sa visite d'état au Canada (il était l'un des grands chefs d'état à être invité au Canada pendant l'année du centenaire). Puis il me dit qu'il était désolé que nous ne puissions pas l'accueillir à Québec et à Montréal. Ce n'est que plus tard que je réalisai qu'il n'avait pas fait mention d'Ottawa.» (Les visites officielles des chefs d'état commencent toujours par la capitale.) Était-il possible que cette omission soit fortuite?

«Je partis pour Londres et écrivis un mot à Madame de Gaulle pour la remercier de son aide ce jour-là et je terminai en lui demandant si elle et son mari me feraient l'honneur de me recevoir avant mon retour au Canada. Je ne sais pas ce qui me prit de faire cette demande, mais cette omission de De Gaulle concernant Ottawa me troublait et il fallait que j'agisse.

«Je reçus par retour du courrier une petite note manuscrite m'invitant à déjeuner la semaine suivante; je retournai donc à Paris. Ils avaient envoyé une voiture me chercher et en arrivant au Palais de l'Élysée, j'eus la surprise de me retrouver seule avec les De Gaulle.

«Nous nous dirigeâmes vers la salle à manger et je pris place entre eux deux. À peine étais-je assise que le Général de Gaulle se tourna vers moi et me demanda: "Madame Vanier, quel avenir voyez-vous pour le Canada?" Je répondis: "Je ne vois pas d'autre avenir que celui que mon mari envisageait, celui d'un pays uni par ses deux grandes nations fondatrices." D'un geste de la main, il rejeta mon affirmation et dit d'un ton tranchant: "L'unité est absolument impensable; même la souveraineté-association est à peine envisageable. Seul un Québec libre et indépendant pourra sauver la civilisation nord-américaine."

«J'étais abasourdie. Je lui dis franchement qu'à mon avis il jouait un jeu dangereux et qu'il risquait de nous jeter dans les bras des Américains et qu'en aucun cas les États-Unis ne permettraient au Québec ni au reste du Canada d'être vraiment des pays indépendants. Il feignit de ne pas m'entendre et poursuivit sur les tendances inévitables de la civilisation française.

«Après le déjeuner et quelques brefs échanges, je sentis qu'il était temps de partir. Il me raccompagna jusqu'à la voiture et la dernière chose que je lui dis fut: "Heureusement que mon mari n'est pas là pour vous entendre." Puis je montai en voiture.

«Peut-être ai-je eu tort d'insister pour rencontrer De Gaulle. Mais il fallait que je défende le Canada. J'imaginais qu'à l'époque, cela pourrait améliorer les relations entre la France et le Canada. Mon Dieu, que cette visite me bouleversa! C'était d'autant plus douloureux que nous aimions la France et éprouvions beaucoup d'amitié pour les De Gaulle. Jusqu'à ce jour, je ne comprends pas comment un homme de son envergure et de son intelligence ait pu dire des choses pareilles. Certains soupçonnent le premier ministre québécois d'avoir influencé sa position, mais je sais que De Gaulle n'est pas un homme qui se laisse facilement influencer. Je suis convaincue que c'était son idée et sa propre décision.»

Pauline informa l'ambassade canadienne à Paris de cette conversation, leur suggérant de prévenir Ottawa de la possibilité de troubles lors de la visite de De Gaulle. Cela ne changea rien. La visite du président français eut lieu en juillet; ce dernier compara son voyage en voiture de Québec à Montréal à la libération de Paris de l'occupation allemande. L'apogée de sa visite, dont furent témoins des milliers de Canadiens et que des millions de téléspectateurs purent voir à la télévision, se produisit lorsqu'il lança à la foule le slogan «Vive le Québec libre», du haut du balcon de l'hôtel de ville de Montréal. Ce slogan n'est pas seulement celui des indépendantistes québécois, mais aussi celui de ses terroristes.

Le premier ministre canadien émit un communiqué dans lequel il regrettait la déclaration de De Gaulle, et fit remarquer que le Québec était déjà libre et n'avait pas besoin d'être «libéré». Ce n'était qu'un léger reproche, mais De Gaulle sauta sur l'occasion pour écourter son voyage et éviter Ottawa.

En France, cependant, les Français semblaient commencer à se lasser des méthodes autocratiques de leur président. De violentes émeutes antigouvernementales éclatèrent, telles que le pays n'en avait pas connues depuis un siècle. En 1969, De Gaulle perdit un référendum dont l'enjeu était le renforcement de son pouvoir au détriment de celui du Sénat. Il donna sa démission et mourut l'année suivante.

«Ce fut la fin bien tragique d'une carrière exemplaire en courage et en dévouement. Je comprends maintenant pourquoi le Seigneur a rappelé Georges près de lui au moment où il l'a fait. Si son cœur n'avait pas lâché en mars, il n'aurait pas résisté aux déclarations de De Gaulle en juillet.»

Pauline retourna à Montréal et se consacra à ses activités qu'elle menait au service des autres. Elle fut la cheville ouvrière de l'Institut Vanier de la Famille et mit toute son énergie à l'amélioration des conditions de vie dans les bidonvilles de Montréal; elle allait également visiter et conseiller les prisonniers.

C'est dans ce cadre qu'elle fit la connaissance d'un jeune homme prénommé Rolland qui purgeait une peine de 20 ans. Ce dernier bénéficia d'une libération conditionnelle et, à la demande de l'aumônier de la prison et d'un ami de la Société John Howard, Pauline accepta de le rencontrer et de faciliter sa réinsertion dans la société.

«Il venait partager un repas avec moi chaque semaine, et me téléphonait tous les soirs entre 21 heures et 22 heures. Je fis tout pour l'aider, mais il n'arrivait pas à faire bon usage de sa liberté fraîchement acquise. Après plusieurs mois, les appels téléphoniques cessèrent et j'appris qu'il avait récidivé, avait été arrêté et remis en prison.

«J'essayais de continuer à l'aider, mais sans succès. À son retour en prison, il tomba dans une grave dépression et le pauvre homme se suicida.» Pauline fut parmi les rares personnes à assister à ses obsèques.

C'est également à cette époque que le monde des affaires fit appel à Pauline pour ses compétences dans le domaine de la conduite des relations et des affaires sociales. Elle accepta d'être membre de différents conseils d'administration: celui de la compagnie de téléphone Bell Canada, celui de l'Institut de cardiologie de Montréal et celui de la Banque de Montréal. Elle continua également à exercer ses fonctions de Chancelier de l'Université d'Ottawa.

Pendant cette période, Pauline retourna souvent en France pour rendre visite à son fils Jean à l'Arche, communauté que ce dernier avait créée dans le village de Trosly-Breuil au nord-est de Paris, pour des personnes ayant un handicap mental. Pauline aimait beaucoup ces visites à l'Arche, mais doutait fortement de pouvoir un jour faire elle-même partie de la communauté de son fils. Pour comprendre, il faut avoir visité l'Arche à Trosly ou l'une des 98 communautés qui existent dans 25 pays de par le monde.

La Communauté de Trosly n'est pas seulement la première à avoir été créée, c'est aussi la plus importante. Deux cents hommes et femmes avec un handicap mental vivent dans une vingtaine de foyers éparpillés dans ce village ainsi que dans quatre autres villages avoisinants. Vivant avec eux, à peu près autant d'«assistants», jeunes et moins jeunes, idéalistes, venus du monde entier, à la recherche d'un sens à leur vie et d'une façon concrète d'aider les plus faibles.

La plupart de ces personnes handicapées s'épanouissent relativement bien, malgré de profondes blessures dues au rejet de leur famille et de la société. D'autres sont plus profondément handicapées et ne peuvent ni parler, ni faire quoi que ce soit par elles-mêmes. Le premier contact est parfois difficile; on peut même éprouver un sentiment de peur ou de rejet. De telles réactions sont fréquentes chez les jeunes assistants qui viennent vivre à l'Arche. Pauline ne fit pas exception à la règle.

De retour à Montréal, Pauline devint de plus en plus inquiète. Elle était rongée par un sentiment d'insatisfaction et sa vie lui paraissait insuffisamment tournée vers les autres. Des amis lui suggérèrent l'Arche comme solution, mais Pauline ne se sentait pas prête à faire ce pas.

«Je n'étais pas satisfaite de ma vie à l'époque, mais je n'envisageais pas pour autant d'aller à l'Arche. Les exigences affectives me paraissaient trop fortes. Je n'avais plus vingt ans.»

Sue Mosteller, une religieuse qui, après s'être installée dans la communauté de l'Arche de Daybreak, au nord de Toronto, devint coordonnatrice internationale de l'Arche, venait souvent rendre visite à Pauline. Elle évoque ses rencontres avec Pauline à Montréal:

«Pauline, à cette époque, était assaillie par le doute et en pleine recherche spirituelle. Elle se demandait si elle serait capable de s'adapter à un monde tellement différent du sien, et si elle pourrait, comme Jean le disait, "descendre l'échelle". Elle y parvint, mais non sans difficulté. Elle se demandait si elle pourrait en vivre les exigences profondes. Elle était très à l'aise dans le monde extérieur, mais avait beaucoup de doutes sur la force de sa vie intérieure et spirituelle.»

Pauline confia également certaines de ses peurs à Barbara Swanekamp, une assistante vivant à l'Arche depuis sa fondation. «Pauline m'écrivit en me disant qu'elle n'arriverait pas à s'intégrer à notre communauté, qu'elle se sentait trop "bourgeoise" pour vivre dans une telle simplicité de vie, pour trouver la paix dans la pauvreté et découvrir le sens spirituel de la souffrance.»

Barbara lui envoya une carte postale où elle écrivait: «Venez vivre et mourir avec nous.» «Elle comprit tout de suite ce que je voulais dire, précise Barbara. Non pas mourir physiquement, mais renoncer au confort matériel et aux sécurités intellectuelles pour vivre d'un amour sans limites. Pauline m'avoua plus tard qu'elle aimait cette carte postale et jetait souvent un coup d'œil à son message.»

Mais Pauline sentait que quelque chose devait changer pour redonner à sa vie un nouveau souffle. Au début de l'année 1970, elle rechercha de l'aide. «Je cherchais désespérément un accompagnement», se souvient-elle. Elle suivit une retraite avec ses «chères petites sœurs», les carmélites, dans leur couvent de Montréal.

Elle y passa deux semaines. «Chaque jour, les sœurs me demandaient: "Alors, y a-t-il du nouveau?" et je répondais invariablement: "Eh bien non, rien de très important."» Puis, le dernier jour, l'évangile était la parabole du jeune homme riche qui se dit en lui-même: «Tu as quantité de biens en réserve pour de nombreuses années, repose-toi, mange, bois, fais la fête. Mais Dieu lui dit: «Insensé! cette nuit même, on va te demander ton âme. Et ce que tu as amassé, qui l'aura?»

«Je fus saisie par cette parabole. Tout d'un coup, je réalisai combien j'étais attachée à mes biens matériels et à mon mode de vie. Je décidai sur-le-champ de vendre mes biens, d'envoyer à Jean les bénéfices et d'aller m'installer à l'Arche, pour le meilleur et pour le pire.

«À l'époque, ma vanité me persuadait que je donnais le bon exemple et j'en tirais une certaine fierté. Mais j'eus ma juste récompense: au lieu de m'admirer, la plupart des gens me dirent que j'étais devenue "gaga"!»

Pauline vendit aux enchères une bonne partie de ses meubles, livres et biens personnels et démissionna des différents conseils d'administration dont elle était membre. Elle hésita à vendre sa maison, au cas où rien ne marcherait et où elle désirerait rentrer au Canada. En février 1972, à 73 ans, Pauline Vanier s'envola vers la France où une nouvelle vie l'attendait, une vie exigeante, imprévisible et riche en émotions.

Elle emménagea dans une maison pleine de coins et recoins, appelée les Marronniers, à cause du magnifique marronnier du jardin. La maison était parfaite pour Pauline. Elle était située au centre du village, près de l'endroit où Jean vivait, et à une distance de marche de la plupart des autres maisons de l'Arche de Trosly. Elle occupait une partie du rez-de-chaussée, dans une aile aménagée en appartement, comprenant une salle de séjour donnant sur le jardin, une petite chambre, une salle à manger et une cuisine modeste mais vaste. Elle couvrit les murs avec les tableaux de son fils Bernard, emplit les étagères de livres et disposa des photos de son mari et de ses enfants sur chaque table.

En dehors de sa petite maison, véritable oasis de paix, l'adaptation fut loin d'être facile. Elle était heureuse d'être installée tout près de son fils Jean, mais découvrit que ce dernier était tellement occupé par ses engagements à travers le monde qu'elle pouvait s'estimer chanceuse de le voir une fois par semaine.

Encore plus pénibles furent ses difficultés à s'intégrer à la communauté de l'Arche. «Au début, j'avais vraiment l'impression d'être une bourgeoise gâtée parmi les pauvres. De plus, je me sentais totalement étrangère et n'arrivait pas à me sentir membre de la communauté, et je ne parvenais pas à comprendre pourquoi.»

La réponse à ses questions lui fut donnée lors d'une froide soirée d'automne alors qu'elle se sentait envahie par la solitude et le désespoir. Cherchant une consolation, elle alla à pied jusqu'à la chapelle, une simple pièce dans une maison de pierre, faiblement éclairée par une bougie se consumant sur l'autel. La chapelle était vide. Pauline s'assit sur un banc et fondit en larmes. «Des torrents de larmes. Je ne sais pas ce qui m'arrivait, mais j'avais vraiment le cafard. Je me sentais stupide à propos de tout.» Alors qu'elle était assise là, la porte s'ouvrit et un homme handicapé entra dans la chapelle. «Il marcha vers moi et passa son bras autour de mon épaule. Sans dire un seul mot, il me prit la main et me conduisit dehors. Toujours en me donnant la main, il me raccompagna jusque chez moi. Il ne prononça pas un seul mot, et pourtant c'est à ce moment que j'eus la conviction que ma place était là. Je pris conscience de la chance que j'avais d'avoir trouvé ce refuge dans ma vieillesse et d'avoir découvert l'amour dans toute sa pureté et sa simplicité.»

«Ce petit fait insignifiant s'avéra être une véritable découverte. Je réalisai que j'avais fait beaucoup d'efforts intellectuels pour comprendre les personnes handicapées. J'avais essayé de rationaliser leur handicap. Ce que je commençais à comprendre, c'était que je devais accepter leur incapacité à s'exprimer verbalement et ma propre incapacité à ouvrir mon cœur à leur besoin de communication.»

Presque instantanément, Pauline commença à gagner l'amitié et l'estime de toute la communauté. Bientôt tout le monde, personnes handicapées et assistants, lui donnèrent le surnom affectueux de «Mamie». Son sens de l'accueil, chaleureux et fidèle, la qualité de son écoute la rendirent légendaire dans la communauté. Légendaire aussi sa façon si chaleureuse d'embrasser chacun en l'étreignant dans ses bras. «Pauline accorde ses embrassades pleines de sollicitude à chacun et ces dernières valent bien un pèlerinage à Lourdes,» remarque le journaliste canadien John Fraser à la suite d'une de ses nombreuses visites. Pauline venait de découvrir son rôle à l'Arche: celui de grand-mère pour toute la communauté.

Pour les personnes handicapées, elle était devenue la grand-mère qu'elles n'avaient jamais connue, quelqu'un sur qui elles pouvaient compter, toujours prête à les accepter telles qu'elles étaient, à leur prodiguer aide et soutien et à reconnaître leur valeur. Pour les assistants, elle était mère ou amie, un cœur pour écouter, une épaule pour pleurer, quelqu'un à qui parler ou avec qui plaisanter. «Le fait qu'elle soit *toujours là* était très important pour nous tous, précise Barbara Swanekamp. Nous savions qu'elle était toujours là.»

Elle avait ce don de guérir les blessures de la solitude et du désespoir, de la peur et du cafard, particulièrement chez les assistants étrangers souvent loin de chez eux. Elle savait qui avait la passion de la mousse au chocolat, et n'hésitait pas pour prendre son tablier et leur préparer sa propre recette secrète. Elle savait quand une bonne cuillerée de confiture de poires pouvait adoucir un chagrin ou quand une cigarette (Gauloise sans filtre) ou bien une tasse de thé Earl Grey, ou encore un muffin, fait maison, consolerait des affres de la solitude et du vague à l'âme. Une assistante se rappelle la dernière visite de Pauline, alors qu'elle se sentait déprimée: «Mamie ne m'a pas fait de longs discours, elle m'a seulement tendu un verre de Cognac!»

La vie de Pauline à l'Arche était simple et soigneusement réglée. Elle se levait tous les matins à 6 heures, passait une heure à prier, puis une heure à lire ou à méditer avant le petit déjeuner, surtout les premières années. Pour rien au monde elle n'aurait manqué d'écouter les informations internationales de la BBC à 9 heures. Puis elle se plongeait dans son abondant courrier. Les dernières années de sa vie, alors que sa vue déclinait, elle dictait ses réponses à quelques personnes, amis fidèles qui venaient la voir régulièrement. Chaque lettre était soigneusement pensée, chaque mot pesé et chaque phrase choisie avec soin.

Elle aimait beaucoup écouter de la musique (la musique russe orthodoxe en particulier) ou bien des enregistrements de livres ou de conférences que lui apportaient ses amis. Lectrice invétérée depuis l'enfance, elle avait lu ces dernières années la plupart des 84 volumes des Pères de l'Église. Mais sa vue déclinant, elle éprouva une très grande frustration de ne plus pouvoir s'adonner à son passe-temps favori. Elle écoutait avec passion les enregistrements de ses ouvrages préférés; le dernier étant un commentaire en dix parties de l'évangile de saint Jean par la religieuse française, sœur Christilla. Des amis lui lisaient également des livres tels les écrits de Thérèse de Lisieux ou l'autobiographie de sa grande et fidèle amie Élisabeth de Miribel.

Un flot incessant de visiteurs venait voir Pauline aux Marronniers: des amis, anciens ou récents, des étudiants et des prêtres («J'apprécie beaucoup les Jésuites!» s'exclame-t-elle en évoquant les riches échanges intellectuels qu'elle avait avec eux.) D'anciens assistants ou des membres de sa famille venaient également la voir ainsi que des hommes politiques (l'ancien premier ministre canadien Pierre Trudeau vint lui rendre visite avec ses trois fils).

Elle accueillait certains visiteurs avec l'excitation d'une enfant. «Il a un doctorat en physique nucléaire, vous vous rendez compte! s'exclamait-elle en levant les yeux au ciel. Qu'est-ce que je vais lui raconter, je ne suis pas une intellectuelle.» Ces appréhensions ne l'empêchaient pas d'assaillir ses visiteurs de mille questions. «On ne peut pas me reprocher de ne pas avoir d'opinion, dit-elle un jour. J'ai mes idées sur tout.»

Des assistants venaient aussi la voir régulièrement et s'émerveillaient de sa compréhension des événements et de la qualité de son jugement sur les personnes et sur le monde. Une assistante hongroise, Klara Dorne, se souvient de sa première visite: «Elle était très intéressée par mon pays. En fait, elle était plus au courant que moi de ce qui se passait en Hongrie!»

Ellen Donnelly de Syracuse, dans l'état de New York, fut, elle aussi, impressionnée par Mamie Vanier. Elle était dans la communauté depuis seulement trois jours lorsqu'elle reçut un coup de téléphone de Pauline Vanier l'invitant à déjeuner. «J'étais étonnée qu'elle prenne contact avec moi aussi vite, nous raconte Ellen. J'étais très inquiète, sachant qui elle était. Mais en fait, tout se passa comme si nous étions de vieilles amies. Elle fit tout pour me mettre à l'aise, me posa plein de questions et à la fin du déjeuner, elle savait tout de mon histoire.»

Cette visite fut la première de toute une série de rencontres hebdomadaires qui furent aussi enrichissantes pour l'une que pour l'autre. «À chaque fois que j'arrivais, elle m'accueillait en disant: "Je ne sais pas pourquoi tu te donnes tant de mal pour venir me voir, je ne suis qu'une vieille dame, je ne me sens plus utile à rien ni à personne." J'essayais de lui dire combien elle était importante pour beaucoup d'entre nous dans la communauté, surtout les jeunes assistants; et à chaque fois elle avait l'air tout étonnée.»

Ellen continua à lui rendre visite jusqu'à la fin de sa vie. Un après-midi, Ellen demanda à Mamie ce que c'était que d'avoir 92 ans. «Ce n'est pas du tout comme avoir 22 ans», dit-elle en riant. Puis elle ajouta: «C'est comme d'être au bord d'un précipice et on ne sait pas de quoi demain sera fait. La seule chose que j'ai à faire, c'est attendre et prier!»

Pauline n'aidait pas seulement les assistants. Elle apportait aussi à leurs parents un réconfort tout maternel, surtout à ceux qui s'inquiétaient de voir leur enfant choisir de vivre à l'Arche. «Elle leur offrait toute la sagesse d'une mère pleine d'expérience, surtout depuis que l'un de ses fils était devenu moine chez les Trappistes», remarque Alain Saint-Macary, le responsable de la communauté. «Elle était certainement la mieux placée pour aider ces parents. Elle comprenait ce qu'ils vivaient pour l'avoir vécu elle-même.»

Sa sensibilité aux autres lui fit prendre conscience de ce qui manquait aux assistants de langue anglaise: pouvoir prier dans leur propre langue. Il lui arriva bien souvent de transformer son petit bureau en une minuscule chapelle avec sur la table une Bible ouverte, une croix en argent et une petite bougie. Pendant quatre années, presque tous les jeudis soirs, elle accueillit des assistants anglophones de toutes confessions pour une réunion de prière informelle. Environ une vingtaine de jeunes assistants se retrouvaient chez elle à 21 h 30, s'asseyaient par terre sur des coussins et une heure durant, écoutaient des conférences enregistrées, en général de John Main sur la prière intérieure, puis ils chantaient ensemble un chant ou deux. Ce fut l'une des contributions de Pauline Vanier à l'Arche et ces soirées de prière lui tenaient très à cœur. Sue Mosteller, qui a participé à bon nombre de ces rencontres, précise: «Pour beaucoup de ces jeunes, c'est une spiritualité qu'ils pouvaient comprendre, quelque chose de très simple proposé dans leur langue.

«C'était également un moment où, le temps d'une soirée, ils se sentaient chez eux, où ils replongeaient dans leur propre culture. Mamie leur offrait une sécurité spirituelle. Elle était tellement rassurante que beaucoup se confiaient à elle.

«Pour d'autres, c'était comme revenir à la source; on se sentait régénéré après une soirée chez elle. C'est parfois dans la paix de cette petite pièce que certains prirent de grandes décisions: "Oui, je dois partir en Inde" ou "Je dois accepter cette responsabilité." La vie de beaucoup fut transformée par ces soirées de prière.»

Ce fut le cas de Philip Kearney, un Irlandais, qui fut assistant à l'Arche pendant 7 ans avant d'être appelé à la prêtrise. «En arrivant à l'Arche, je participais tous les jeudis soir aux réunions de prière de Mamie. J'ai vraiment été nourri par Mamie, non seulement avec les petits goûters et biscuits au gingembre, mais aussi grâce à ces soirées de prière. Je suis certain que mon appel à devenir prêtre a mûri au cours de ces rencontres.»

Deux autres événements marquaient sa semaine. Tous les dimanches, elle traversait son jardin pour rejoindre le foyer de l'Arche (premier foyer de la communauté accueillant sept personnes handicapées et autant d'assistants) et partager avec ses membres le déjeuner dominical. Elle était présente à l'anniversaire de chacun, ayant toujours un petit mot gentil pour chacune des personnes présentes. Le samedi soir, elle dînait souvent à La Forestière, foyer accueillant dix personnes très profondément handicapées. Son préféré était Loïc, une personne de 35 ans ayant l'apparence d'un enfant et qui est si handicapé qu'il ne peut ni se nourrir, ni s'habiller seul et qui semble incapable de communiquer. Pauline Vanier ne fut jamais rebutée ni découragée par l'enfermement de Loïc en lui-même. Elle aimait s'asseoir à ses côtés, le prendre dans ses bras et l'aider à manger. «Il connaissait sa voix, dit Alain Saint-Macary. Au moment où elle le prenait dans ses bras, il s'apaisait. Au long des années, Mamie apprit vraiment à entrer en relation et à communiquer avec les personnes même les plus profondément handicapées.»

Pauline Vanier était en même temps à la recherche de son identité. «Au Canada, j'ai toujours été l'épouse de Georges Vanier. Ici, je suis la mère de Jean Vanier, et ce n'est pas facile d'être la mère de Jean Vanier.» Peu à peu, Pauline trouva sa vraie place dans la communauté de l'Arche. «Elle a découvert à l'Arche un lieu où elle pouvait se donner», se souvient Cécilia MacPherson, une assistante qui a eu le «grand cadeau» de partager la maison de Pauline pendant six ans. «Elle avait conscience que sa maison était un lieu où chacun pouvait ouvrir son cœur. Auparavant, sa vie semblait perdre son sens. L'Arche lui a donné une vraie raison de vivre.»

Jusqu'à sa mort, Pauline eut des doutes sur son utilité à l'Arche. Et pourtant, il est évident que ce fut pour elle un refuge après toutes les émotions de ses dernières années et un excellent lieu où laisser libre cours à son énergie et à son dynamisme.

«Il n'y a pas de doute, à l'Arche, on reste jeune», remarque Pauline bien après avoir fêté ses 90 ans. «Mon pauvre corps n'arrive pas à suivre, mais c'est le sort de toutes les personnes âgées.

«Non, je n'ai vraiment aucune raison de me plaindre. Ma vie a été bien remplie et j'ai été comblée par les dons de Dieu. J'ai épousé Georges Vanier et c'est là le plus grand des dons, mais venir à l'Arche est sûrement le second, juste après.»

Si elle avait pu s'exprimer au moment de mourir, Pauline en aurait certainement ajouté un troisième, le plus suprême de tous. Mais plus son heure approchait, plus douloureuse se fit l'épreuve spirituelle qu'elle devait d'abord traverser.

Épilogue: La fin du voyage

Une fois que Pauline Vanier eut vraiment trouvé sa place à l'Arche, on était frappé, de l'extérieur, par sa force de caractère, son assurance, son pouvoir de conviction et la sérénité de sa foi. Ceux qui pourtant étaient plus proches d'elle savaient qu'il en était tout autrement. Il y avait quelque chose de très fragile dans sa vie spirituelle, une angoisse profonde et un besoin de s'affirmer, présents dès sa jeunesse mais qui l'envahirent complètement les dernières années de sa vie.

Il n'y avait pourtant rien de forcé dans sa vivacité, sa spontanéité et dans son amour des autres et son souci du bien de l'autre. Ces traits de caractère lui étaient tout naturels, n'exigeaient aucun effort particulier de sa part et dynamisaient sa vie tout entière.

En fait, elle donnait la vie en abondance autour d'elle et en retour la recevait en plénitude de ceux et celles qu'elle côtoyait. Elle avait le don de faire surgir le meilleur de chacun.

Sa vie, cependant, fut un grand pèlerinage, «une longue quête spirituelle», selon les termes d'un journaliste. Elle avait besoin d'être confirmée et rassurée afin d'apaiser ses angoisses qui s'accrurent tout au long de sa vie et redoublèrent alors qu'elle avançait en âge. Une de ses angoisses était de voir s'épuiser l'amour qu'elle avait dans le cœur et qu'elle voulait épancher librement autour d'elle. Une autre était de

Pauline Vanier lors de son 90e anniversaire.
(L'Arche)

faire obstacle à l'Amour sans limites de son Créateur, qu'elle savait être le Seul à pouvoir combler sa soif d'amour.

Pauline Vanier partageait ses réflexions et ses craintes avec quelques amis, qu'elle appelait ses «frères-pèlerins», en route sur le même chemin spirituel. L'un d'entre eux était Lon Whitman, un jeune assistant américain qui rendait régulièrement visite à Mamie tous les jeudis après-midis, depuis son arrivée à l'Arche deux ans auparavant. «Elle me parlait souvent de son besoin d'être "dépouillée", dépouillée de ses ambitions, de ses prétentions, de son attachement aux biens matériels, de son désir inconscient d'influence et de prestige et de toutes ses défenses contre la volonté de Dieu. Elle désirait être dépouillée de "son autosuffisance", de sa prétention à faire la volonté de Dieu sans lui demander humblement son aide.

«Elle me confia un jour, poursuit Lon, que tous ces obstacles l'empêchaient de s'en remettre entièrement à l'Amour de Dieu. Elle avait découvert à l'Arche l'humilité d'accepter la pauvreté physique, il lui fallait maintenant accepter la pauvreté spirituelle.

«"Je sens que le Seigneur m'apprend à me défaire de toutes ces barrières et à mettre toute ma confiance en lui sans compter sur mes propres forces. Mais j'apprends lentement. Le Seigneur a dû m'enlever toute mes forces physiques et intellectuelles pour me faire comprendre à quel point j'étais dépendante de lui. Je sais profondément combien je suis faible et blessée, mais mon orgueil m'empêche d'abandonner complètement toutes mes défenses et de me confier totalement à son Amour. Je n'arrive pas à admettre mon vide spirituel et à abdiquer corps, âme et esprit à la seule source capable de me renouveler et de me faire vivre."

«J'ai beaucoup prié pour elle, pour que le Seigneur achève ce travail de dépouillement qui la rendrait plus libre», ajouta Lon.

Pauline discutait de tout cela avec ses amis intimes et ce jusqu'à quelques jours avant sa mort. L'une de ses amies nous confie que ses angoisses n'étaient pas sans ressembler à celles de sainte Thérèse de Lisieux, dont les écrits étaient si familiers à Pauline et à son mari et dans lesquels ils trouvaient tant de soutien et de réconfort. Alors que son mari acceptait sans réserves la toute-puissance de l'Amour de Dieu, le côté intellectuel de Pauline l'empêchait de s'abandonner totalement à cet Amour et de lui faire une confiance sans limites.

D'autres conseillers spirituels l'encouragèrent à rechercher cet abandon. Le père Michael Czerny, un prêtre jésuite qui allait souvent la voir, écrivit à son intention une prière à l'occasion de son 90e anniversaire. Elle en gardait toujours un exemplaire à portée de la main et la lisait tous les jours, s'arrêtant sur les passages suivants: «Nous désirons être tout à vous... nous consacrer entièrement à votre cœur... Que votre Amour devienne le cœur de nos vies...»

Les affres de la vieillesse la préparèrent à ce dépouillement, en la privant de ses forces physiques et de son indépendance. Chaque jour voyait ses forces diminuer et sa fatigue s'accroître.

Réticente à se consacrer totalement et exclusivement à l'Amour de Dieu, elle devint de plus en plus dépendante des marques d'affection de la part de son entourage et surtout de son fils Jean. Elle dut lutter pour éviter de trop dépendre de lui, d'autant plus que le développement de l'Arche à l'étranger le tenait éloigné de Trosly plusieurs semaines d'affilée. Une étape importante dans sa croissance spirituelle fut d'avoir réussi à transformer ce besoin de possession en une vie de prière à l'intention de Jean et de ses missions à l'étranger.

Elle se tourna également vers son fils aîné Benedict, moine trappiste, dont les longues lettres pleines de sagesse l'aidèrent bien souvent à revenir à l'essentiel.

Cependant, beaucoup avaient l'impression qu'elle avait encore une grande étape à franchir dans son cheminement spirituel avant d'atteindre le but ultime. Une semaine avant sa mort, personne n'aurait pu imaginer combien elle était proche de cette dernière étape et la façon étonnante dont elle l'atteindrait.

Françoise Cambier, une assistante française de l'Arche, passa beaucoup de temps avec Pauline pendant les dernières années de sa vie et assura auprès d'elle une présence quotidienne et attentive. Elle fut pour Pauline d'un grand soutien dans ses moments d'angoisse et resta à son chevet pendant les derniers jours de sa vie.

«Les derniers mois de sa vie, nous raconte Françoise, Mamie était devenue extrêmement dépendante de l'affection que pouvait lui porter son fils et ceux qui lui étaient proches. Elle était malade d'inquiétude à l'idée de rester seule pendant le pèlerinage annuel à Lourdes de toute la communauté. Elle vivait dans l'angoisse de rester seule. Elle était devenue si fragile, non seulement physiquement mais aussi émotionnellement, que la peur d'être "abandonnée", même pour une période très courte, la paralysait.»

Sa fille Thérèse vint de Londres pour être avec elle pendant cette période. «Pendant la semaine, Mamie eut des hauts et des bas, se souvient Françoise. Elle était terrassée par la fatigue mais refusait de s'allonger, insistant pour qu'on l'habille et qu'on l'aide à sortir. Son fils Bernard vint la voir avec ses deux filles, Valérie et Laurence; ils déjeunèrent ensemble le dimanche et fêtèrent un anniversaire. Mamie avait l'air gaie et heureuse. Mais lundi, mardi et mercredi, elle sembla très fatiguée. Cependant, elle s'efforça tellement bien de paraître en forme que personne, pas même Thérèse, ne se rendit compte à quel point elle était déprimée.

Le jeudi matin, alors que Thérèse devait s'absenter pour quelques jours, elle était souriante et pleine d'entrain et encouragea sa fille à partir, lui assurant que tout allait bien.»

Après le départ de Thérèse, Françoise alla voir Mamie et fut stupéfiée de la découvrir «allongée dans son lit, recroquevillée sur elle-même comme un tout petit enfant, tremblant et sanglotant. Elle pouvait à peine parler.»

Françoise envoya immédiatement chercher un médecin qui découvrit que non seulement Pauline était envahie par l'angoisse, mais qu'elle vivait également une agonie physique. La douleur semblait localisée au niveau de son système digestif. Son état nécessitait des soins médicaux. Vers 13 heures, une ambulance la conduisit à la clinique. D'après les premières radiographies, une opération immédiate était nécessaire. Mais une série d'examens devait d'abord être entrepris.

Les examens durèrent six heures. Elle fut déshabillée et placée sur un brancard en métal, recouvert de cuir et monté sur des roues. Puis elle fut conduite d'une salle à l'autre, pour des radiographies approfondies, puis pour des prises de sang, des examens internes puis encore ailleurs, pour d'interminables interrogatoires sur son passé médical.

Entre les différents examens, terriblement impersonnels et administratifs, elle était reléguée dans un couloir plein de courants d'air, à peine couverte d'un léger drap. «Je remarquai qu'elle tremblait de froid et demandai une couverture pour la couvrir, nous raconte Françoise. Après bien des négociations, je réussis à obtenir une chambre où elle put se reposer. Le repos en question dura cinq minutes avant qu'on ne vienne la chercher pour d'autres examens.

«L'après-midi fut long et angoissant: l'inconfort du brancard, les longues périodes d'attente dans les couloirs, les examens douloureux ajoutés à l'angoisse étaient presque insupportables. Comme je voulais que cessent ses souffrances!

«À ce moment, je regardai Mamie et la trouvai profondément en paix, sereine et souriante même! Elle ne voulait pas que je fasse la moindre remarque. Pendant toute cette épreuve, elle n'eut pas un seul mot de récrimination.»

Avait-elle enfin atteint ce à quoi elle aspirait le plus profondément? Était-elle enfin dépouillée de toutes ses défenses? Acceptait-elle de s'en remettre totalement à l'Amour de Dieu, convaincue qu'il l'accepterait telle qu'elle était?

Elle demeura dans une paix profonde qui dura jusqu'à la fin des examens. Elle réussit même à distraire les médecins, en leur posant des questions sur leurs familles et en plaisantant avec eux. À un tout jeune interne extrêmement sérieux qui l'examinait, elle dit avec humour et une pointe de coquetterie: "Regardez-moi, docteur, ces jolies jambes. Ne dirait-on pas les jambes d'une jeune fille de quinze ans?»

À la fin, les examens devinrent tout à fait superflus, les radiographies ayant déjà décelé ce que les médecins avaient besoin de savoir: Pauline était atteinte d'un cancer intestinal généralisé. Une opération d'urgence s'imposait. Les chances de survie à la suite d'une telle opération étaient très minces étant donné son âge; mais sans opération, elle n'aurait pu vivre que quelques heures. Elle fut immédiatement transportée à l'hôpital afin d'être opérée.

Ses enfants furent prévenus et purent lui parler au téléphone dans l'après-midi. Grâce à une permission spéciale de l'hôpital, ses plus proches amis et son fils Jean eurent la possibilité de la voir dans la soirée, après l'opération. Elle était bien sûr encore inconsciente et elle le resta toute la nuit.

Le lendemain matin, elle reprit conscience momentanément. Elle ouvrit les yeux et reconnut Jean à ses côtés. Elle ne pouvait pas parler car sa bouche était pleine de tubes. Mais elle n'avait pas besoin de mots car son regard en disait bien plus long que des mots. C'était le regard serein, lumineux et radieux d'une jeune fille. Son regard exprimait une profonde assurance toute empreinte de paix et de consolation. Mais son expression révélait surtout sa confiance totale dans l'amour de Dieu, Amour qui emplissait tout son être et illuminait ceux et celles qui étaient là.

Pauline avait communiqué son message; elle perdit encore une fois connaissance et mourut quelques heures après. Son long pèlerinage sur la terre avait enfin atteint son but.

Sommaire